JN091153

거멀라마 자이, 꽃을 보며 기다려 다오

児童労働からフェアトレードへ

ネパールの幼い労働者に

申 明直

HAKUEISHA

目次

白くぼやけた道の向こう側から、消えたと思っていた
こびとたちが一人二人と私に近づいてきた。
フィリピンのゴミ山の「神の子たち」が、
バングラデシュのダッカの縫製工場の子供たちが、
東アジアのこびとたちが、
全泰壱（チョン・テイル）の手を握り、一歩一歩
近代という国境を越えて、私のところへやってきた。

第 1 章

東アジアのこびとの中へ

　とても長かったと思っていたが、よくよく考えてみると私がこびとの友ジソプ(小説「こびとが打ち上げた小さなボール」に登場する大学生の現場活動家)のような人生を送っていた期間はそれほど長くなかった。京仁線周辺で10年もの間、自分の青春を捧げたと豪語しながら、酒の席になると威勢よく騒いだりしたが、そこを離れてからもう15年の歳月が流れていた。

　こびとの村から抜け出して、大学院に席を移した後、私は「存在が意識を決定する」という命題の代わりに「世界は認識する分だけ存在する」という命題に惹かれ、何かを「希望」するよりは対象を「解体」するのに忙しかった。

　実際、当時の私はとても憂鬱な時期を過ごしていた。なぜなら道を見つけることができなかったからだ。「もう、こびとはいない」とこびとの村を抜け出し、威風堂々新しい道を探しに出たが、いつまでも道が見えずにいた。

私がそこから抜け出したのは 1990 年代初め、つまり何人かのこびとたちがゴライアスクレーン（造船所の大型クレーン）に上り始めてから、彼らの背がだんだんゴライアスクレーンぐらい大きくなり始めた頃だった。こびとが全くいなくなったのかはわからないが、それはやはり、政界に進出したジソプたちとたくさんの人権弁護士たちの役割であるようだった。私が悩んでいたのは、少数者ではなく多数者としてのこびとだった。

　そんなある日、すでにゴライアスクレーンのように変わってしまった韓国の大企業の労働者たちではなく、本当に背が低いこびとを発見したのだが、驚いたことに彼はパキスタンに住んでいた。ワラビのような小さな手でカーペットを作り、児童労働の真実を全世界に暴露し、カーペットマフィアの手によって殺されてしまった子供「イクバル・マシー」の話は本当に衝撃的だった。

　白くぼやけた道の向こう側から、消えたと思っていたこびとたちが一人二人と私に近づいて来た。フィリピンのゴミ山の「神の子たち」、バングラデシュのダッカにある縫製工場の子供たち、東アジアのこびとたちが、全泰壱＊の手を握り、一歩一歩近代という国境を越えて、私のところへやってきた。21 世紀のこびとたち、上からのグローバルという磁場の中

＊ チョン・テイル：1960年代末、韓国ソウルの清渓川周辺の縫製工場で17歳から働いていた青年労働者。当時、労働基準法がありながらも守られず、低賃金・長時間労働という劣悪な環境で働いている労働者たちの権利を主張し改善を求めたが、政府がこれを拒否し警察が制圧しようとした際、焼身自殺した。漢字だらけの労働基準法が読める大学生の友達がひとりでもいたならと願っていた。1970年代の韓国でベストセラーになった小説『こびとが打ち上げた小さなボール』（チョ・セヒ, 河出書房新社）のモチーフともなった。

で培養され、脱近代という修飾語をつけた東アジアの多数の
こびとたちが、初めて私の目の前に現れたのだ。

　私はイクバル・マシーを探しに旅立つことにした。ところ
が、イクバル・マシーが暮らしていたパキスタンの情勢が非
常に不安定だったため、行き先をネパールへと変更するしか
なかった。なにもイクバル・マシーというのは、パキスタン
のイクバル・マシーだけを指すのでは無かったので、国境や
国籍のようなものは問題にはならなかった。私は何年もの間、
頭の中で絶えずぐるぐる回っていた考えを、実践に移すこと
ができると思うと、とても嬉しかった。

◆ ◆ ◆

　ネパールのこびとたちを最も集約して見られる場所は、お
そらくカトマンズのニューバスターミナルではないだろう
か。山奥の村から一晩中バスに揺られて来る子供たちが、夜
明けの風を受け、目をこすりながら降り立つ場所。そこは「都
市の児童労働」が流入する窓口であり、「移住労働」の原点
だと言える。

　ネパールのイクバル・マシーたちはもうカーペットを作っ
ていなかった。しかし、子供たちは相変わらずニューバスタ
ーミナルを通じてカトマンズへ供給されており、西ヨーロッ
パの消費者たちの反発が激しいカーペット工場の児童労働を
除き、それ以外の児童労働は、依然として進行中だった。「ハ

ンマーの代わりに子供たちにペンとノートを！」というスローガンも、子供たちを取り巻く構造が根本的に変わらない限り事実上、形だけのものだった。

　ところで、なぜ山奥の子供たちはそれほど大変で苦痛な労働が待っているカトマンズに行こうとするのだろうか。私は子供たちを、児童労働の中心地であるカトマンズに引き寄せる原動力が何なのか気になった。それは後に私がネパールを離れる前、カトマンズ近隣にある山奥の村、ナガルコットに寄り、深い山奥にあるレストランの壁面をいっぱいに埋めた赤いコカコーラの広告を見て、子供たちがなぜカトマンズに集まって来るのかを少しは理解できた。

　あちこちに立っていたサムスンとLGの立て看板はどうだろう。採石場で働く子供たちが細かく砕いた小さい石で、ネパールの山奥の村に新しい道路ができると、先に都市へと進出したバスのガイドをしている子供の案内を受けながら、山奥の子供たちは自分の村には無い何かを期待し、一人一人カトマンズへと向かってくるのだろう。

　「移住」は、もちろんカトマンズが終点ではない。カトマンズに住んでいるその子供たちの兄や姉ぐらいの子供たちは、ヤマハやホンダのオートバイを頭の中で描きながら、中東のドーハやソウル、そして東京のような海外の都市への移住を夢見る。

　地球上のどこにも、ネパールのどこにも、山奥の村の共同体をそのまま大切にしている「懐かしい未来」はもう存在していなかった。「国境を超えた近代」あるいは「上からのグローバル化」の攻勢はネパールも例外ではなく、山奥の村か

ら都市へ、それからさらに海外の都市へと近代国家の国境を超え移住は繰り返されていた。

　ネパールのイクバル・マシーは山奥の村の貧困にうんざりし、彼らの兄と姉たちはカトマンズの貧困にうんざりして、近代の産物が多く並んでいる都市へそれぞれ足を運ぶが、結局彼らを待っていたものは危険で安っぽい前近代的な労働だった。山奥の村からカトマンズへ、カトマンズから海外の都市へ続いているネパールのこびとたちのメビウスの帯は、永遠に続いていくように見えた。

・・・

　カトマンズからちょっと離れた村で井戸を掘り、公衆トイレを作って、ネパール人たちに縫製技術を教える人々と出会った。韓国で移住労働者として働いたことがあるネパール人と彼らの活動を支援する人だった。

　そこで農村活動（農活）のためにネパールに来た韓国の大学生たちとも会うことができた。彼らはあげた成果より受けた傷の方がより多いように見えたが、こびとの村を探し国境の向こう側に新しく旅立ったジソプと会ったようでとても嬉しかった。

　働く子供たちのシェルター（避難所）をカトマンズで運営するベルギー人もいた。貧困が解決できず、子供のカトマンズへの移住を防ぐことができないのであれば、子供が都心で安心して休むことができ、保護を受けることができるスペー

スだけでも作ろうという趣旨であった。

　彼らが抱く夢のように山村を人が暮らしやすい豊かな場所にすることができれば、子供たちはこれ以上、カトマンズのイクバル・マシーになろうと旅立たなくていいのだ。そしてカトマンズをネパールのイクバル・マシーたちが暮らしやすい場所として作り出すことができれば、こびとはこれ以上「マダン（Madan）」になって海外の都市を転々としないかもしれない。

　上からのグローバル化が進むにつれて作られた、永遠に続くこびとの道であるメビウスの帯の結び目を着々と解いていく人々。人が暮らしやすいこびとたちの村を作るために、下からのグローバル化を夢見て、これを実践していくこびとの友ジソプがとても美しく見えた。

　数年前、「ヒマラヤの薫り」というフェアトレードコーヒーを熊本で披露した。ネパールのコーヒー村がこれ以上こびとの村にならぬように、日本にいるこびとの友人たちが一緒になり、力を注いだ結果だった。「ストップ・ラックダウン（強制追放反対）」という移住労働者バンドのリードシンガーで、今は故人となってしまったネパール出身のミヌさんは、以前、ソウル・アートシネマで開かれた移住労働者映画祭で「給料日」というミュージックビデオを上映したことがある。「未登録」労働者がアルバムを世界に「登録」させたわけだ。そうしてみるとコーヒーからミュージックビデオに至るまで、ネパールはすでに私たちの日常の深い所で息をしていた。深刻なポーズをとらなくても、国境の向こう側のこびとたちと一緒に呼吸をしているようだった。

　この本の中のジソプたちも全く深刻ではない。1970年から1980年代では農活か夜学かを悩み、閉ざされた国境線の内部で、それも悲壮な表情を浮かべて悩んでいた時に比べ、2000年代の彼らは国境を軽く飛び越えて、すぐに農活と夜学に打ち込んだ。上からのグローバル化に立ち向かう公正・共生の貿易と国境を越える社会的企業たちも錨を揚げ始めた。下からのグローバル化を目指す航海を始めたわけである。

　私はこの本がネパールのこびとだけではなく、東アジアすべてのこびとたちとの「下からの連帯」を模索するひとつのきっかけとなるよう希望を込めながら執筆している。京畿道のある村の人々がネパールのある山奥の村の人々と手を取り、日本の九州の人々がフィリピンのルソンにある海の村の人々と手を取る夢。そうしてネパールの山奥の村の子供たちがこれ以上カトマンズでの児童労働を夢見ることなく、フィ

リピンの海の村の人々が九州への結婚移住を夢見なくてもいい世界を作ることは本当に不可能なのか。東アジアの北側の村と南側の村が手を取り合い、ジソプが国境を越えて手を取り合う「下からのグローバル化」が実現する世界になることを想像し、期待している。

そこで聞いた話によると、
もっと田舎の方にある、まだまだ零細な工場では
変わらず子供たちが働いているのかもしれないが、これ
以上、誰も子供たちを雇っていないということだった。
すでに安い労働力であふれているのに、ほんの少し安
いからという理由だけで、危険を顧みずに子供たちを
雇う必要がないということだった。

第 2 章

児童労働と貧困の方程式

　夜遅く東京の成田空港から、タイ航空に乗って、飛行機の下に広がる横浜港の明かりを眺めていたときのことは、まだ記憶に新しい。あの美しい明かり…あの美しい「近代」の光を作り出すために、イクバル・マシーが死んでしまったのかも知れないなという気がした。

　全く理解できないタイ語のせいだろうか。急に疲れが押し寄せてきた。私はタイビールのシンハーをもらい一気に飲み干した後、深い眠りに落ちた。

　タイ航空に乗ってカトマンズに入るには、バンコクで一夜を過ごさなければならなかったのだが、知っているタイ語は「シンハー」以外なかったので、バンコクに降り立つや否や突然不安になってきた。一銭でも節約しなければという思いから一番安い宿をとったのだが、心配していたのと違って、小さな池までついている空港付近のきれいなバンガローに泊まることができた。

そこは空港近隣にある田舎の村なので、朝の風景もあれこれと面白いものを見ることができた。その中でも、とりわけ印象的だったのは、「オートバイタクシー」だった。これから出勤するスカートユニフォーム姿の女性を乗せるため、朝からオートバイタクシーたちが列をなして止まっている姿もそうだが、それより彼女たちがオートバイの後ろの座席に斜めに乗って、足を横にしたまま、オートバイの運転手の腰を掴んでいるような、掴んでいないような様子で走る姿にとてもハラハラした。最新型の乗用車とオートバイタクシーが共存しているバンコク。「ポストモダン」な最新型の乗用車が「中途半端なモダン」と言えるオートバイタクシーを呼び出したのかもしれないという気がした。サスキア・サッセンの説明のように、バンコクのオートバイタクシーとソウルのオートバイ宅配ネットワークが、レクサスとグレンジャーのネットワークを支えているように見えた。

･ ･ ･

　パク・チャヌク監督は、「ネパール」を「終わらない平和と愛 (Never Ending Peace And Love)」だと表現したことがある。これはネパールの美しい自然のことを言っているのではないかと思う。ネパール出身の移住労働者チャンドラが、韓国での６年半にわたる精神病院生活を終え、ネパールの美しい山奥の村へ戻った瞬間、映像はモノクロからカラーへと

変わっていった。

　ネパールの山奥の村は本当に美しい。日本に戻る直前に少し立ち寄ったナガルコットの朝は、なんとも表現できないほど美しくうっとりするものだった。しかし、ネパールの全てのものが「カラー」だと言えるだろうか。実際、私はパク・チャヌク監督の映画を見ながら、その点が最も心にひっかかった。韓国は「モノクロ」でネパールは「カラー」と設定した背景には「ヒマラヤがある神秘的なネパール」という先入観、つまり「もう一つのオリエンタリズム」が感じられたからである。韓国がネパールより惨憺としたモノクロの世界だったなら、チャンドラはおそらくそこを離れなかったかもしれない。

　ネパールを訪問した人の多くは、ネパールの美しい山と風景の話を並べ立てることに余念がない。しかし、カトマンズの交通警察がつけている防塵マスクと、カトマンズを横切る川に絶えず捨てられているゴミの山は、どう説明しなければならないだろうか。彼らはきっと「人」を見て来たのではないかもしれないという気がした。

　「カラー」の自然ではない「モノクロ」の人たち。無数にいるネパールのこびとたちが私を呼んだ。そうして私はカトマンズの空港に到着した。

　空港のゲートをまさに抜けた時のことだ。私は、スチールカメラとビデオカメラを一度に盗まれたと思った。全く知らないネパール人が急に私の荷物をひったくって行ったからだ。私はとても慌てたが、実は彼らはホテルの従業員の友人たちで頼んでもいないポーターに自ら買って出て、私に手を

差し出してきたのだった。当惑した「失業」。ネパールの最初の印象は、１ドルのポーター代を稼ぐために列を作っていたこびとたちの失業であった。全く予想していなかったことだった。

　私を乗せた車は空港を抜け、バスターミナルの前を通り過ぎた。ふと、私は視線を感じた。くぼんだ目でこちらをじっと見るたくさんの視線だ。突然、恐怖心のようなものがサッと私の体を撫でまわし、通り過ぎていったような気がした。

・・・

　宿泊先のヴィラ・エベレストは、王宮からそれほど遠くない外国人密集地域であるキャメルの片隅にあった。韓国人たちを主な顧客として運営しているホテルなので、店主は韓国語がかなり上手だし、ちょっと高いが韓国料理も注文することができた。店主はシェルパ族出身で、ヒマラヤの韓国登頂隊員たちととても親しいように見えた。シャワー室の排水の流れが悪いこと以外に、特に不便なところは無かった。

　経済関連の仏教団体の一人でもある知人の紹介で、ネパールを案内してくれるバンジャデさんに会うことができた。すらりとした背丈で、ぼこんとへこんだ目、

優しい笑顔をした人だった。バンジャデさんは以前、韓国で移住労働者として働いたことがあると言った。移住労働者として働いていた縁が、ネパールでのガイドにまで結ばれたわけだ。

　彼に会うや否や、私は一番はじめにネパールの「カーペット」工場へ行ってみたいと言った。パキスタンではないネパールのイクバル・マシーは、どんな姿をしているのか気になった。

　初めてテンポに乗った。テンポとは三輪車の荷台を人が乗れるよう改造した一種のミニバスだ。そのテンポに乗って市内からしばらく走り、バンジャデさんと一緒に到着した所は、カトマンズ郊外にある閑散とした非常に大きなカーペット団地だった。後に知ったことだが、ネパールのカーペットはトルコのカーペットと同じく世界で何本かの指に入るほど、とても有名だった。

　カーペット団地の入り口には様々な模様のカーペットがいっぱいに積まれていた。空色の格子模様のもの、赤褐色のトラ模様のものなど珍しいカーペットが所狭しと並んでいた。そこはネパールの伝統音楽を聴きながらカーペットを選ぶことができるのだが、カーペットの種類や規模が市内中心地のタメルに陳列されていたカーペットとは、どこか次元が違っているように見えた。

　様々なカーペットを見ながら商店街の行き止まりの路地にたどり着いた。しかし、よく見るとそこからはカーペット工場が始まっていた。工場の内部は思ったよりはるかに広かった。

　中に入るとすぐに韓国人とたいして変わらない顔をしたお

ばさんたちの笑い声が聞こえてきた。昔の人が衣服を織るとき使う櫛のようなボビンと小さいハンマー、はさみ、毛糸の束などに囲まれて、おばさんたちが大きな声で笑いながら賑やかに仕事をしていた。彼女たちは赤、青、黄、ピンクの様々な色の毛糸を椅子の後ろ側に下げたまま2組のカーペットを編んでいたのだが、それはまるで7色の尻尾を垂らしたキツネの後ろ姿のようだった。

　仕事をしているおばさんたちの多くはチベット出身だった。ネパールには多くの種族が住んでいるが、チベット出身は私たちと顔つきが似ていてすぐ区別することができた。

　カーペットの型枠を横や縦に組み立てるおばさん、型枠に糸を巻くおばさん、一生懸命デザイン画を覗き見るおばさん、カーペットの目を詰めるために、小さいハンマーのようなもので懸命に叩くおばさんなど。職場は思ったよりはるかに楽しそうに見え、冗談や笑い声が絶えなかった。

　ところが、そこには私が探していた「子供たち」は一人も見当たらなかった。イクバル・マシーを探しにネパールまでに来たというのに、何か初めから間違った場所に来てしまった気がした。もちろん全く予想できなかったわけではない。ネパールに行く数日前に読んだ報告書に、イクバル・マシーがカーペット工場の児童労働をほとんど根絶させたと書かれていたことを思い出した。ネパールやトルコ、パキスタンのカーペットを主に輸入していた西欧の消費者たちが、児童労働を通じて作られたカーペットの輸入を反対するキャンペーンを継続的に行った結果、カーペット工場から子供たちの姿がほとんど消えたという内容だった。

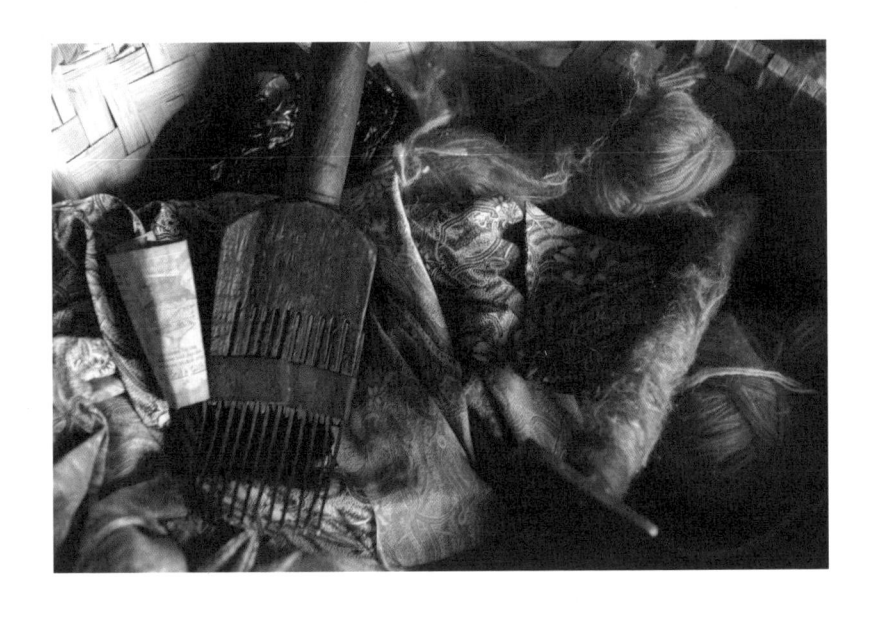

　彼らは児童労働を通じて作られなかったという証明書があるカーペットだけを買おうという運動を続けてきたということだ。

　実際に工場はチベットから来たおばあさんとおばさんたちでいっぱいにあふれていた。そこで聞いた話によると、もっと田舎の方にあるまだまだ零細な工場では変わらず子供たちが働いているのかもしれないが、これ以上、誰も子供たちを雇っていないということだった。安い労働力があふれているのに、ほんの少し安いという理由だけで、危険を顧みずに子供たちを雇う必要がないということだった。

　その時、13歳か14歳ぐらいの女の子が目にとまった。その子は学校から家に帰る途中で、母親が仕事をしている工場に少し立ち寄ったのだという。制服に鞄を背負った姿は中学生ぐらいに見えた。ネパールに来る前に見た一枚の絵とは全く違う姿だった。その絵の中では子供たちとおばさんたちが、同じ部屋で糸を抜く作業をしているのだが、子供たちは

　鉄格子のついた窓の下で、背伸びをして糸を抜いていて、何人かのおばさんたちは、その下で眠りにつこうとしているものだった。

　それなら児童労働をしていたあのたくさんの子供たちは全員どこに消えたのだろうか。働く子供を作り出す構造が変わったわけではないのに、彼らが突然消えるわけがなかった。児童労働は「消える」ものではなく「隠される」ものかもしれないと思った。消えたのではなく、隠された子供たちを見つけだすことが、ネパールで私に与えられた任務ではないかという気もした。

　私はバンジャデさんのオートバイの後ろに乗った。舗装されていない道路を走りながら、何度も私の体を激しく揺さぶったオートバイは、大量の排気ガスに溢れている舗装された

道になると、急に速度を上げ始めた。子供たちは、一体どこに隠されたのだろうか。そんなことをしばらくじっくりと考えていた時、前を走っていたテンポが急に排気ガスの塊を噴き出した。そのせいでくしゃみが出て、危うく後ろの方にかけていたカメラが入った鞄を落とすところだった。私は必死にその鞄をぎゅっと握りしめた。

＊＊＊

バンジャデさんが必ず行ってみた方がいいと言ったので、ついて行った所が「ネパールの働く子供たち (Child Workers in Nepal Concerned Center)」という団体だった。ネパールで長い間、児童労働関連の仕事をしてきた威厳ある団体だ。手入れが行き届いた庭園の中にシウィン (CWIN) のオフィスはあった。オフィスの右端には資料室があり、その資料室の外壁には大きく「CWIN」というロゴが書かれていた。その文字の上には、網袋いっぱいにぎっしり詰まったレンガを頭に乗せた幼い子供たちの姿が刻まれていた。「1987」という数字は、おそらくその年からシウィンが児童労働に関連した仕事を始めたという意味のようだった。オフィスの中には、何人か西欧からの訪問客がいたのだが、素晴らしいオフィスとよく整理された立派な資料は、そこが長い間、西の方の支援を受けながら活動してきた団体であることを知ることができた。

先に来た訪問客との話を終え、私たちと席を共にすること

になったシウィンの職員は、予想したとおりカーペット工場での児童労働はなくなったが、子供たちは相変わらず道をさまよっていて児童労働は消えていないと言った。そして、シウィンは道をさまよう子供たちに避難所(shelter)と保護所(child care center)を運営しているひとつの場所を推薦してくれた。そこは「危険に身をさらされている子供たちのためのシウィン・センター(CWIN Center for Children at Risk)」という場所だった。

　事務室を出て右側の別室に、準備されている資料室兼展示室に入った。最初に「働く子供達の声 (Voice of child Workers)」という機関紙が目についた。頭に紐を引っかけて網かごを背負い、片手には鎌を持った子供を描いた絵の横には、「日々の学校」というタイトルがついていた。規格化された「教室」の中の学校ではなく、日常の中の「仕事場」が、「学校」と言えるのではないかという意味もあるのだろうが、逆に正規学校へ通いたいという願いを表現した絵とも言える。さらに、違う機関紙には「幼い子供の結婚」という見出しがついていた。朝鮮王朝末期に存在した早婚の風習に加え、お金持ちの家へ売られていった植民地時代の幼い女の子のイメージを重ねたようだ。

　自分の幼い娘を結婚という名目で売り、子供たちを学校の代わりに労働の場へと追い出す児童労働は、貧困のもう一つの名

前なのかもしれない。貧困を変数ではなく定数に設定する時、
ようやく児童労働の方程式は解かれるようだった。

　この切っても切れない双子とも言える「児童労働」と「貧困」
の方程式を解くことが、ネパールにおける私の最初の課題だった。

子供たちが裏道に沿って歩いて行くと、
ゴミのコンテナを発見した。
そして彼らは突然歓声を上げ始めた。
まるで宝島にでも遭遇したかのように。
コンテナの上に飛び上がり、街灯の明かりを受けなが
らその上にすくっと立つ子供たちの姿は、つらいどこ
ろかとても逞しく堂々として見えた。

第 3 章

廃ビニールより
良いものはありません

　「危険にさらされた子供たちのためのシウィン・センター」
は車道からあまり離れていない所に位置していた。センター
に入るとすぐに緑の芝生が目に入ってきた。子供たちは明る
い笑い声を出して、芝生の上を走りまわっていた。部屋ごと
によく整ったベッドと家具。とても辛く苦労している子供た
ちの様子が見られるという私の予想はすっかり外れてしまっ
た。全く想像もしていなかった風景だった。

　その子供たちとこれから話をしようとしていたとき、日本
のNGOの人が訪ねて来た。しばらく彼らと話を交わしてみ
ると、彼らがここの子供たちに安心して寝られる場所を提供
した張本人たちであるということがわかった。

名前はサン、7歳、故郷はソルクンブ。
「たくさんお金を稼ぎたいです。医者になりたいんです。」

名前はロザン・プルザ。故郷はカスキ。

「先生になりたいです。子供たちを教えられるじゃないですか。」

シウィン・センターにいる多くの子供たちが、先生かお金をたくさん稼げる医者になりたいと思っていた。勉強とお金に対する渇きをまた違った形で表現したのであろう。ところが、医者や先生ではなく、軍人になりたいという子供たちもずいぶんいた。

名前はゴモル・ホシア。故郷はナガルコット。

「両親とインドへお金を稼ぎに行ったんです。前にも一緒に行って来たことがありました。しかし、インドで両親と別れてしまいました。インド側の団体の人が、こちらに連絡をしてここに来ることになったのです。インドに行く前は、ヤギとヒツジを育てていました。さっき将来、何になりたいのか

聞いたでしょう？私は軍人になりたいです。敬礼も受けられるし、いい服も着られるし、友達もたくさんできるし・・・。」

名前はビカス・ルイテル。年齢13才。故郷はダマスカバ。

「ここには20日ぐらい前に来ました。農村で働いていたのですが、友達がカトマンズに行けばお金をたくさん稼げて、いい服も着れると言ったので、友達と一緒にカトマンズに来ることになりました。やりたいことですか。学校に行きたいです。勉強をして月給をたくさん貰える所で働きたいです。」

　　名前はスモン・ガウトム。故郷はニズガド・バラ。

「以前は、両親と一緒に農業をしていました。母は病気で、父はいつも酒をたくさん飲んで家に遅く帰って来ました。誰も私たちを助けてはくれませんでした。何の当てもありませんでしたが、田舎から逃げ出しました。たくさん勉強して、工場で働くエンジニアになりたいです。私たちに勉強を教えてくれる人がたくさんいてくれたらいいですね。」

　　名前はカモル・サヒ。故郷はルブ。

「ここに来る前、故郷で牛の世話をする仕事をしていました。とても大変でした。牛は多いし、雇い主にはいつも殴られ罵られて、あまり食べさせてもくれませんでした。これからしたいことは…学校に行ってたくさん勉強したいです。そして軍隊に行きたいです。なぜ軍隊かって？ただ故郷の人たちが軍隊にたくさん行ったからです。行けたらいいなと思います。」

『SURVIVORS』,The Working Children of Kathmandu, CWIN

当時、軍隊に行きたいという子供たちが多かった理由は、ネパールが内戦状態だったこともあるが、軍隊が最低限の衣食住は保障してくれる所であったためだろう。マオイズムが内戦を通じて未来の貧困を解決しようとしたが、当時の子供たちには今現在の貧困の方がもっと問題だった。理念よりも食べることの方がもっと大事だったのかもしれない。

　名前はラザラン・アディカリ。
　映画「ハリー・ポッター」の主人公のような眼鏡をかけ丸い目がとても印象的な子だった。「故郷はここから近いヌワコートです。実家では牛の世話をして草も刈っていました。6歳ぐらいの時、故郷からカトマンズに出て来ました。カトマンズではビニールのゴミも拾い、ホテルで雑用の仕事をしたり、工場でも働きました。本当に大変でした。でも今考えてみても、もっと大変だったのは田舎にいた時です。死ぬほど殴られたことと、死ぬほど働いたこと以外は記憶に残っていないんです。」
　その子は、大変で辛いけど今のカトマンズでの生活の方が昔いた田舎の村より何倍も良いと言った。
　ソルクンブ、ナガルコット、ダマスカバ、ニズガド・バラ、ルブ、ヌワコットなど、子供たちの故郷は様々であったが、そこでの生活が辛くて苦しかったという点では、みんな同じだった。子供たちはみんな同じように、今住んでいる都市カトマンズがはるかにいいと言った。ハリー・ポッターと似ているラザランもにっこり笑った顔で頷いた。もしかして何か好きな歌があるのかと聞くと、歌ではなく好きな詩が一つあ

ると言いながら、笑ってその詩を暗唱した。私はとても驚いた。

　後で知ったのだが、これはネパールの国民的な詩人、ラクシュミ・プラサド・デヴコタ (Laxmi Prasad Devkota) の「ムナマダン」という詩だった。ラサ（現チベットの中心地）に出稼ぎに行った若い夫のマダンは、いつも故郷に置いてきた妻ムナと家族のことを想っていた。しかし、しばらく後に故郷に帰ってきてみると、彼らはみんな死んでしまっていた。それを知ったマダンは、なぜ人間をこのように悲惨な目に遭わせるのかと、神に泣きながら抗議するという内容だ。

　しかし、6歳の時、故郷ヌワコットからカトマンズに逃げてきたハリー・ポッター似のその子が、どうやってその「ムナマダン」という長い詩を全部暗記したのだろうか。だれも迎えてくれる人がいない故郷に帰った叙事詩の主人公であるマダンから、もしかすると自分の運命を読み取ったのかもしれない。

　神よ。
　あなたが作られたものをなぜ壊してしまわれたのですか。
　この地に花を作られながら、なぜ見る影もなく壊してしまわれたのですか。
　その花を私にくださいながら、なぜまた奪って行ってしまわれたのですか。

　ムナの顔を初めて見た時
　ムナが死ぬとは思ってはいませんでした。
　私はムナが決して死ぬことはないと思っていました。

どうして炎が蓮のようなムナの体を燃やすことができたの
でしょう。
どこでムナを見つけ、私の胸に抱きしめればいいのでしょう。
ムナの遺骨をください、姉よ。
その遺骨を私の胸に塗り付けたいのです。

お母さん…ムナ…
私はこれ以上この世界にとどまることができません。
姉よ。ここはもう私がいるべきところではありません。
もうすぐここともお別れでしょう。
もうここにいたくはないのです。

下を見ないでください。ムナよ。
私もあなたの元へ行くからね。
涙を流し、あなたが残した愛の宝を胸に
あなたに会いに行きます。

ネパールを離れて日本に戻る時、ネパールの国民的歌手ナ
ラヤン・ゴパルの CD を一枚プレゼントされた。その中には、

「ムナマダン」の一部にメロディーを付けた「神よ。あなたが懸命に作ったものをなぜ壊してしまわれたのですか」という曲も一緒に入っていた。ナラヤン・ゴパルの胸を焦がすような歌声が、とても印象的だった。田舎から都市へ、そしてより賑やかな海外の都市へと旅立つマダンたちを思いながら、ヌワコットからカトマンズへ逃げ出してきたハリー・ポッター似の子供と、カトマンズから韓国へ仕事をしに行ったガイドのバンジャデさんを思い出した。そして「児童労働」と「海外移住労働」は、コインの表と裏のようなものなのかもしれないという気がした。

　不夜城の「都市」に向かって、絶えず飛んできた「農村」と「海外」の火取り蛾たち。児童労働はやはり不夜城の都市に向かって飛び込んでいく一群れの火取り蛾であることに違いない。ネパールの山奥の村、カトマンズ、そして海外の都市があたかも列を作って並んでいるように、誰が先ということもなく、子供たちも大人も上のブロックへと向かって一段でもさらに這い上がろうと必死に足搔いているようだった。

・・・

　一言でいえば修羅場だった。オートバイとトラック、バスが絡み合ったうえ、質の悪い燃料から吹き出てくる有毒な排気ガスまで入り乱れ、道路は息をするのさえ大変な状況になっていた。そこは渋滞もひどく、まるで「息を止め

て我慢する」運動でもしているようだった。交通整理をしている警察官さえ防毒マスクをかぶったまま、どうすればいいのかわからない様子だった。

　市内の中心地を抜けると、通りはどうにか楽に走ることができた。そして、韓国のLGとサムスン、日本のトヨタのとても大きい立て看板が現れた。テンポが走れる道路を作り出し、カトマンズを横切るヒマラヤを通り抜けられる道を作り出す、これら企業の力は、まるで「私が道であり真理である」というように、威風堂々カトマンズの道を見下ろしていた。
「運転手さん、ちょっとクラクションを鳴らしてください。」
　再び混雑が激しくなるとバンジャデさんが大声をあげた。その時テンポはガタガタと音を出し、まるでシーソーにでも乗っているかのように横に大きく沈んだと思ったら再び浮かび上がった。道はあちこち穴ができていて、大きい水たまりの上を通るたびに溜まっていた水が容赦なく隣の車とバイクを襲った。毎日一度は必ずスコールが降り、道路のあちこちに水たまりができていたためだ。しばらく罵声が飛び交っているようだったが、すぐにおさまった。

　ヒマラヤの国ネパールにもこのような大気汚染と交通渋滞があるということを誰か想像でもしただろうか。登山装備を身につけた人々は急いで山を登り、ヒマラヤの荘厳さと絶妙な美しさにネパールは神が人間に与えた最高のプレゼントだなど、思いつく限りの最高の修飾語を並べ立てることに忙しいだろう。山は昔の山のままであったが、人々は昔の人々のままではなかった。

シウィンのヘルプライン（CWIN Help-Line）のサヌさんは、約束の時間から一時間経っても来なかった。ホリデー・イン・カトマンズというホテルで会った日本人のNGO活動家である森重さんの紹介でシウィンのヘルプラインを訪ねたが、紹介されたサヌさんとは会えず、足に包帯を巻いた子供2、3人だけが事務室にいた。

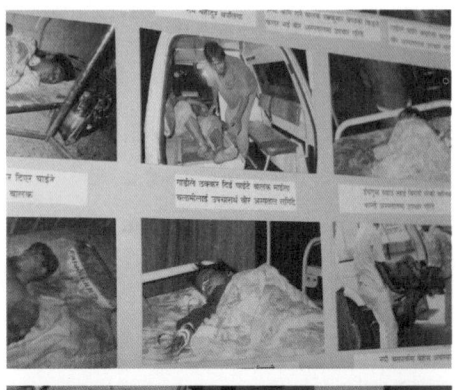

　退屈するあまりぶらぶらしながら壁の方を覗き込んだら、数枚の写真のうち、どこかで見たことのある救急車が目に入って来た。それは以前シウィンの本部を訪ねた時、片隅に停められていた救急車だった。救急時、0を三回押せば繋がる救急車だったが、その電話番号の持ち主がまさにここヘルプラインの責任者サヌさんだったわけだ。

　その救急車の写真の横に、担架に乗せられて輸送を待つ子供、目と頭を怪我してベッドで横になっている子供、道でそ

のまま眠ってしまった子供の写真などが壁いっぱいに貼られていた。

　いつからいたのか、その写真の下で一人の子供が小さく身をすくめたまま、とても怯えた表情で私を見上げていた。注意深く子供の様子をうかがってみると、鹿のように大きい子供の目にはたくさんの涙が溜まっていた。

　「廃ビニールを拾うために来ました。一日に 20 ルピー（1 ルピー≒約 1 円）ぐらい稼ぎました。でも、ガラスで足を切ってしまいました。裸足でしたから。」

　左足に包帯を巻いていた子供に話しかけてみたが、その子は最後まで話をしなかった。溢れそうな涙を溜めた目をただパチパチするだけ。ところがその時だった。その子の後ろの日差しの向こう側でずっとこちらをチラチラ見ている視線に気づいた。

　ドアの外の暗闇の中で体半分を壁に隠したまま、ひどく警戒した表情でこちらを注視している一人の子供の目が見え

た。黒い上着に黒い瞳だけを外に出して、じっとこちらを眺めていた子供の目は、これ以上、傷つけられたくないという野生動物の何かに似ているようだった。やはり、片方の足にぐるぐると包帯を巻いていた。

　片側の壁を覆っている写真の横にはポスターが一枚貼られていたのだが、そこには「教育は特権ではなく権利だ」と書かれていた。

　焦点が合わない目で涙ぐんでいた子供、何も信じられないというように冷たい目つきで相手を睨みつけている子供を眺めていると、教育とか特権とか権利とかいうこと自体が、彼らには全て贅沢な言葉のイタズラにすぎないのではないかという気がした。今日一日の食料を得る権利、そして傷を負わずにゴミを拾う特権のほかに、この子供たちはどんな権利を思いつくだろうか。

✦ ✦ ✦

　　　ヘルプラインのサヌさんは最後まで現れなかった。私のように突然訪ねてくる人たちのせいでちょっと忙しいのだろうと思い、彼が教育中だというヘルプラインの教育施設に彼を探しに行った。50メートルほど離れた所に教育施設があるのだが、思ったよりもかなり大きい講堂だった。子

供たちはネパール語と一緒に安全教育、例えばシンナーや麻薬がどれほど体に害を与えるのかなどを習っていた。子供たちは夜に廃ビニールを拾っていたため、教育は昼に行われていた。「昼に行われる夜学」というほうが一番しっくりくる表現ではないかと思った。

　サヌさんは私との約束を忘れるほど、子供たちを教えるということに余念がなかった。少し待っていると教育が終り、サヌさんは申し訳ないと言いながら何人かのビニールを拾う子供たちを紹介してくれた。子供たちの一日の日課に同行したいという私の提案を受け入れてくれたのだ。

　「ラビ・バンダリです。15歳です。故郷はネパールの西にあるマヘンドラナガルです。テンポのガイドを5カ月ほどしたことがあります。客を呼ぶため大声でずっと叫んでいましたが、テンポの後ろにしがみつきながら働くのが危険だからやめました。それから2年になります。」

　「僕はビゼイ・モゴルです。14歳ですが、ポカラから来ました。僕はこの仕事がとても好きです。気に入っています。ここに来る前も他の所でこの仕事をしてきました。大人になってもこの仕事を続けたいです。」

　辺りが薄暗くなるとすぐに子供たちは道路の端に行き、そこのゴミ箱を漁り始めた。住宅街よりも繁華街の方が廃ビニールが多いからという理由であった。大きなボロ袋を肩に担ぎ、ゴミの山から廃ビニールを素手でつかみ、袋に一枚ずつ入れた。子供たちは中身を捨て、廃ビニールだけを袋に入れ

る動作をとても慣れた手つきで進めていった。まだ閉まって
いない商店街の明かりが、子供たちの影をとても長く映して
いた。

　子供たちは靴屋の前を隅々まで探し、商店街の方から住宅
街の方へ方向を変えた。住宅街では、すでに他の子供たちが
あちこちで廃ビニールを拾っていた。映画のポスターが貼っ
てある電柱の下で工事現場の前で出会った子供に再び会っ
た。その子供は、黒いビニールの中で何かぐちゃぐちゃにな
っている物を取り出しているようだったが、全く気にせず中
身をポンと叩いて出すと、廃ビニールを袋の中に押し込んだ。

　「主に廃ビニールを拾っています。もちろん牛乳パックも拾
います。でも、ビニールの方が高く売れます。1キロで6ルピ
ーぐらいなんです。たくさんある時は15キロから20キロほど
拾います。約60から70ルピーほど稼ぎますが、運がよければ
150ルピーぐらい稼げます。雨が降って濡れているときは、重
いだけでお金はたくさんもらえないですけどね。」

　子供たちが裏道に沿って歩いて行くと、ゴミのコンテナを
発見した。そして突然歓声を上げ始めた。まるで宝島にでも
遭遇したかのように。「ゴミの山」が「宝島」に変身するとは、
私は想像さえできなかった。すでにそこでゴミの山をくまな
く探していた子供たちも、バンダリとモゴル一行をとても歓
迎してくれた。コンテナの上に飛び上がり、街灯の明かりを
受けながらその上にすくっと立つ子供たちの姿は、辛いどこ
ろかとても逞しく堂々として見えた。「捨てられたビニール」

と「蘇るビニール」。「捨てられた子供」とそれでも「生き残ろうとする子供」の苦闘が、コンテナの中で絡み合いメラメラと燃え上がっていた。ゴミと子供たちはめちゃくちゃに入り混じってしまっていたが、そこでは何か希望のようなものが感じられた。

「金持ちの家や商売をする家では廃ビニールが一番たくさん出ますね。でも私たちが店の前でビニールを拾おうとすると、「泥棒が来た！」とか、たまに「こら、このカテ（家なき子）！」と言われます。ある時は「悪いやつら！」と悪口を言われたり、殴られたりします。切ないのは、そういう時ですね。」

「夕方8時から9時半ぐらいがピークタイムです。あまり稼げなかったと思ったら、次の日の明け方4時ごろにちょっと大きなホテルの方へ行って探すこともあるんですよ。その時間ぐらいになったら、ホテルの警備が替わるので比較的簡単にごみ箱を漁ることができます。寝るのは、ふつう夜10時半ごろですね。代わりに、朝は明け方の4時頃に起きるんですよ。昼の時間ですか。廃ビニールをリサイクル業者に売り渡してからは、夕方の時間まで何もしていません。ただ遊びます。」

何より一番気になったことは、子供たちはどこで寝ているのかだった。ちょうど子供たちは、コンテナ掃討作戦を終えて、現場から撤収するところだった。久しぶりによくやったと讃えるように、みんな満足そうな表情を浮かべて、自分の

背丈ほどあるボロ袋を肩に一つずつ担いだまま、彼らだけの寝床へと帰って行った。その日の寝床はそれほど遠く離れていなかった。カトマンズ市内の真ん中にある寺院の軒下が、彼らの寝床だった。

「ここで寝る時もありますが、普段はニューロードで寝ます。ここより繁華街のニューロードの方がはるかに便利なので。でも、そこはいじわるなおじさんたちが多いです。偉い人がときどき足で蹴ってきたりします。警察のおじさんたちもそこで寝るなと脅してきたり、叱りつけてきたりします。もちろん気をつけて寝ろと言われるだけの時もあります。」

街中で寝ていると聞くと私たちは一番先に「冬はどうするのか」と心配になるが、幸か不幸かカトマンズはほとんど零下に下がる日がない。そのせいか子供たちは街中で眠ることについて何も気にしていないように見えた。車道より指尺ひとつぐらい高い歩道に、三人の子供たちは頭をくっつけ合いうまい具合に寝床体系を整えた。

　一台の自動車が雨が降って溜まっていた水を寺院側に跳ね飛ばした。寺院の前を通り過ぎる人は誰も子供たちに見向きもしなかった。向こうにある店の光だけが彼らの体を覆っている唯一の布団であり、彼らを労っているようであった。通り過ぎて行くオートバイや車のライトが子供たちを絶えず照らし続けていたが、疲れ切った子供たちの眠りを覚ますことはできなかった。逆に、子供たちのそばに横たわっている石

の獅子の方が眩しそうに目を細めているようだった。もしかすると、子供たちの生き残ってやるという意志の方があの石の獅子より強く固いのかもしれないと思った。

「故郷から逃げるように出てきてから、もう5年が過ぎました。村の人たちが、カトマンズに行けば良いことがたくさんあるといって、家族に何も言わず出てきました。家族ですか？時々思い出します。でも別に帰りたくはないし、帰ることもできないです。」
「学校は、故郷で小学校1年生まで通いました。お金がないと勉強もできません。お金を稼ぎながら、どうやって勉強するんです？勉強は嫌いです。学校には知り合いもいないし、ここの方が面白いです。家を出てから2年になるんですが、一度も故郷に戻ったことはありません。ここがいいんですよ。友達も多いし。」

バンダリとモゴルは故郷に戻りたいとも言わず、また戻ることもできなかった。彼らが眠りにつく寺院の赤レンガの塀を眺めながら、おそらく彼らが言っていた戻りたくもない、戻ることができない、レンガ作りをしていたある村の子供たちを思い出した。
コツンと叩いたら、今にも崩れそうなレンガを雑に積み上げて作った家。調べてみると、夏の雨期がくるために臨時で建てた家だった。レンガ商売の景気が良く、村全体が賑やかな乾期の時は、それでも家らしい形をしていたようだった。子供たちは、レンガを焼いている窯の上を走り回り大人に叱

られ、子供たちの母親はレンガをいっぱい入れた網袋を頭に
かけて運び、煙突からは煙が出ていたそうだ。しかし、雨期
である今は雰囲気が本当に冷めていて、子供も大人もただ静
かに過ごし、乾期の時に作って余ったレンガを少しずつ売り、
食いつなぎながら生活していた。

　乾期である冬季にだけレンガを作るのには、もちろん理由
がある。とても簡単だ。雨が降ると、レンガを乾かすことが
できないためだ。雨が降る夏季には他の仕事をして、雨が降
らない冬季だけレンガを作るために、再びここに集まってく
るということだ。そのせいか雨期の時に売るために取り出し
ておいたレンガには、かぼちゃの蔓が張り付き花まで咲かせ、
人々の暮らしにも隅々まで貧困というカビが生えていた。家
の中の家具といっても、水瓶やレンガのベッド、蚊帳、そし
て毛布が全てだった。レンガの上のトタン屋根も忘れてはな
らないだろう。

そのレンガ塀の横でマヘンドラとロカ兄弟に出会った。今考えてみると、廃ビニールを拾い寺院の壁の下で寝ていたバンダリやモゴルより、４歳ぐらいはもっと幼く見えた。カトマンズから遠く離れたネパールの西にあるタンから来たとだけ言って、あとはあれこれ聞いても何の返事もない。ただ元気なさげにずっと笑っているだけ、話す気力もなく話す気分でもないようだった。草笛を作っているのかと思ったら、それ以上は関心がなさそうに地面にそのままポイッと投げてしまった。その子供たちも、いつここを離れようかといつも模索しているようだった。

ところが、元気のない顔をしているのはその子供たちだけではなかった。去年の冬の乾期、一緒にレンガを作った人の多くがネパールの西側へと移動し、残った彼らは、移動をする力さえもない人たちだった。つまり、またレンガを作る次の乾期をただひたすら待っているだけだった。田んぼを借りて農作業をするようだったが、忙しくしているどころか気力を失っていた。

レンガを作っている村の向こう側にある学校が目に入ってきた。そこで子供たちが勉強したり遊んだりしている間、ここの子供たち

は、泣いている兄弟をあやしたり布団を干したりして一日を過ごしていた。

　子供たちがその村から逃げずに生き残るためには、本当に強い忍耐力が必要なようだ。バンダリやモゴルのように、たとえ寺院の壁の下でごろ寝をしようとも、機会さえ与えられるなら、子供たちはいつでもそこを離れたいと思っているようだった。

　私がその村を離れる時、多くの人が村の入り口に出てきて立っていたのだが、誰も手を振らなかった。ボーっとこちらを見つめるだけの彼らを眺めながら、金を稼ぐことができるところなら、どこへでも旅立つ準備ができている人々、去って行くことが一つの日常になってしまった彼らには、単に見慣れている光景がもう一度演出されているだけなのだという気がした。

レンガを作る村での記憶を振り返っているうちに、カトマンズのニューロード付近で、廃ビニールを拾っているモゴル、そして、彼の友達がなぜ一度も故郷に帰らないのか、故郷になぜ帰ることができないのか、少しは理解できたような気がした。

・・・

　朝早く、バンダリとモゴルが話してくれた廃ビニールを買い取るリサイクル業者を訪ねに出たのだが、その日は真っ青な空と強い日差しがとても強烈だった。昨晩のことはまるでうたた寝をしながら見ていた夢のようにきれいに消えて、代わりにとても澄んだ鮮明な原色の風景が目に入ってきた。廃ビニールを買い取るリサイクル業者は川のほとりに沿って上る坂道の中腹にあった。入り口は、あちらこちらから廃ビニールを集めてきた子供たちで混雑していた。

　そこでは、知らないネパールの曲がずっと流れていた。子供たちは、昨日集めた廃ビニールを大きな天秤の片側に乗せた後、反対側におもりを載せはじめた。どれほどのおもりをその上に載せることができるだろうか。失った幼い日々の天真爛漫さに値するおもりの重さとは、あるいは手にしたことのない教科書、持ったことのない勉強部屋に値するおもりの重さとは、一体どのくらいだろうか。そんなことを考えていた時、バンダリが廃ビニールの重さと錘の重さがぴたりと合ったといって、私を見てにっこりと笑った。

「時々訪ねて来るドイツのおじさんがいるんですけど、とても助けてくれます。勉強が一番したいです。学校にも通いたいです。エンジニアになるんです。お金を稼げるようになったら、貧しい子供たちをたくさん助けてあげます。本当ですよ。」

「将来大きな食堂をしたり、大きな車を運転したいです。廃ビニールも拾わず、仕事も楽しいはずです。でも、今は素敵な服と靴が一番欲しいです。だけど、それよりもですね…なんというか、偉い人が私たちの仕事を辞めさせないでくれたら良いです。仕事をせずにどうやって暮らすのですか。お願いだから、ただ放っておいてほしいんです。」

「幼い日への補償」あるいは「将来の夢」のような言葉はこの子たちに相応しい単語ではないようだった。その日の空腹を満たしてくれ、その日の夜の寝床を解決してくれる、その日の「仕事」と「パン」の方が彼らにはもっと大切なことのようだった。

ルピーを数えるリサイクル業者の主人と、それを受け取り数える子供たち。満足げな子供たちの笑顔。ルピーを手に握ったモゴルは、とても幸せそうな顔をしながら、友達の一人と一緒に廃ビニールの上にゴロンと横になった。

あらゆる汚いものが入り混じり悪臭を放っている廃ビニールの山の上で寝転がっている子供たちの顔は、とても澄み切って眩しかった。あまり見せてくれなかったモゴルの笑顔も、赤や黄、白ビニールとよく似合っていた。このビニールはこの

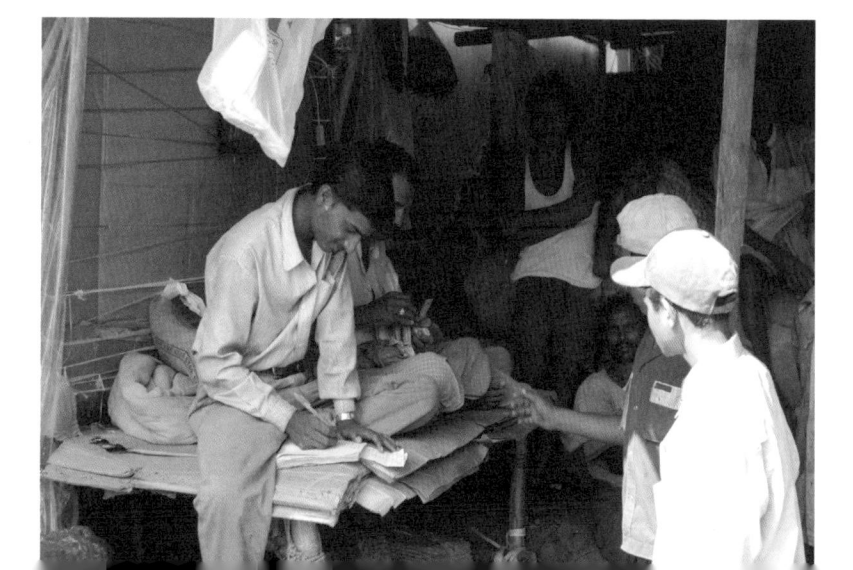

子たちにとって、まさにパンを意味するのだった。

　彼らはとてもゆっくり、そして長い時間自分たちの「日用の糧」の上で、幸せな時間を味わっているようだった。しかしその日の寝床さえままならない子供たちが、今夜もこんな幸せそうな笑顔を浮かべることができるだろうか。モゴルや彼の友達はその日の夜もスワヤムブナート寺院か、テンポ駐車場の隅っこで眠るというのに…。シウィンのヘルプラインのサヌ先生が心配していたように、この子たちの中の何人かは今夜もどこかで、「シンナー」をするかもしれないという思いがにわかに浮かんだ。

土の器に花を植えて、花が咲きました。ガマラマザイ。
綺麗な花を見ながら待ちなさいと、ガマラマザイ。
私は去ると……私は旅立つが、待っていてくれと……。
しかし、「待っていてほしい」といいながら
故郷を離れてきた彼女の手に今握られているのは、
白い花「ガマラマザイ」ではなく、
石を砕く「ハンマー」だった。

第4章

採石場の白い野花

　「一か月後に、ネパールで一番大きい祝日があります。韓
国で働いていたときにはこの日になると、いつも故郷を思い
出していました。」

　自分のオートバイの後ろに私とカメラを積んで走っていた
バンジャデさんが、私の方へ声を張り上げて言った。遠く幾
重にも重なった山々が目の前にだんだんと近づいて来ると、
バンジャデさんは韓国で故郷を思い出す時、いつも近くにあ
る山へ行ったと言った。風の音で彼の話は半分ぐらいしか聞
こえなかったが、都心から少し離れると、いつもすぐ近くに
あったネパールの山が韓国生活の中でずっと懐かしく思われ
て、彼を絶えず苦しめていたということが分かった。

　バンジャデさんと私は、他の児童労働のNGO団体である
「コンサーン」の紹介で、山奥にある採石場を訪ねるところ
だった。カランキーから正面に見える山を2つぐらい越える
と採石場があるのだが、その周辺で子供たちが石を砕いてい

るということだった。

　カトマンズは王宮がある中心地からの数キロを除いて、四方が全て山に囲まれたところだ。当時泊まっていたタメルから少し離れるだけで、すぐ山や寺へ行くことができた。

　カーペット工場から追い出された子供たちは、より遠く危険な所に行ったとコンサーンの代表は話していた。そのように追い出された子供たちが仕事をする場所が、カトマンズの盆地を取り囲んでいる山奥の採石場だったのだ。

　オートバイから降りて、何も考えずに石を砕く音がする方向へと歩いて行った。行ってみると、採石場は

思っていたよりはるかに小さかった。雰囲気もとても静かで落ち着いており、赤ちゃんは石の音を子守唄にして、日陰の下ゆりかごの中で寝ていて、4歳ぐらいに見える子供は石を砕いているお母さんの横で昼寝をしていた。寝ている子供の横では、小さい石を拾ってお手玉している子供たちの姿も見えた。採石場という言葉を初めて聞いた時、南アフリカ共和国のマンデラが終身刑を宣告されて18年の歳月を送ったという殺風景なロベン島を想像していた私は、意外な光景に少し呆気にとられた。

　コンサーンの実務者の話によると、石が転がり落ち、その下で仕事をしている子供たちは大怪我をすると言っていたのだが、いくら見渡しても転がり落ちてきそうなくらい大きい石は見当たらなかった。子供たちもやはり、石を砕く両親の横で楽しそうに遊んだり、居眠りしたりしているだけだった。場所を間違えたのかと思った。しかも、一緒に来ていたバンジャデさんまでも少し用事があると言って、私を独り残して消えてしまったではないか。

　言葉が通じない子供たちと簡単に目であいさつを交わしたのだが、子供たちの反応がそんなに悪くなかった。

◆ ◆ ◆

　その時すぐ横でとても大きなタンクローリーが山道を登ろうと大きい音を出すと、ゆりかごの中の子供も、母親の横で

　寝ていた子供もみんな、目を覚まして泣き始めた。石を砕く
音が子守唄のように聞こえていた採石場の平和は壊れてしま
った。しかし、赤ん坊の泣き声を止めたのは子供たちの歌声
だった。

　採石場というより、遊び場のようだった。子供たちは、あ
ちこち走り回って採石場を駆けていた。その子供たちの後ろ
の方では、彼らの両親が日除けテントの下でハンマーを握り
石を叩いていた。夕焼けの光を受けて、映し出された採石場
のシルエットは、そこがとても美しくまともな場所のように
見えた。私は土の中で密閉された空間に、閉じ込められたま
ま辛い仕事に耐えていた鉱山労働が、近代的な産業労働の原

型だと言っていた文明批判家マンフォードの言葉がふと思い浮かんだ。彼が述べた見解のままなら、ここの光景こそ人間の顔をした労働に一番近いのではないかと思った。

「8歳で、小学1年生です。ここで兄と母が働いてます。ええと…私はただ遊んでいます。」

「モモタ・ライです。小学4年生です。学校から帰ってきて、ここでずっと遊びます。家に帰ったら手伝いますよ。食事の支度もします。でも、石を砕く仕事はしません。」

「私はただ一日中ここで遊びます。」

子供たちと言葉を交わしながら丘の上に登って行くと、ゆりかごの子供の母親は石を砕いていたハンマーを置き、急いで子供に白い運動靴を履かせ始めた。おそらく私のカメラを意識したのだろう。大通りに降ろしていった大きな石を、とても大きなカゴに入れ、頭にかけて運ぶ母親もいた。その人は大きな石を突然下ろしたと思ったら、その場で子供に乳を飲ませた。「家族」と「労働」で手がいっぱいな様子が美しくオーバーラップされていた。

「ニマルラ・プジェリです。2年生です。楽しいです。うーん…リンゴが一番食べたいです。」

「この子の姉です。私も学校に通っています。学校から帰ってきたらここでずっと遊んでいます。だけど、お兄さんは今、学校も通えず、ここで働いています。お兄さんも学校に行けるといいのですが。私も何か手伝いたいです……。」

　大人だけ働いて、子供たちはみんな勉強するか遊ぶかだ
ろうと思っていたのだが、必ずしもそうではないようだっ
た。ニマルラ・プジェリの兄、ニーマス・プジェリは14歳
なのに、学校に通っていなかった。子供たちが遊ぶ所から
少し離れた場所にカーテンを覆い、一人で石を砕いていた
のだが、とてもしっかりしているように見えた。ゴムで作
られた小さいサッカーボールぐらいの丸型保護フレームの
中に、大きい石を置き、叩いて小さい石を作っていた。石
を砕く手際がとてもよかった。

　　　　　• • •

　「1日に6キュビットぐらいです。そうすれば、150から170ルピーぐらい稼げます。平均10時間ぐらい石を叩きます。学校は5年生まで通いました。それ以上は通えずに、1年前からこの仕事をしています。学校ですか？行きますよ。今度の祝日の時まで、一生懸命稼ぎます。祝日の時には良い服と靴も買って…。とにかく、その時までにもう一度学校に通えるようお金を稼ぎます。」

　「お母さんの体調があまり良くないので、お金がたくさんかかります。医者になったら、お金もたくさん稼げるし、病気も治せるでしょう？」

　その時、急に石が保護フレームを掴んでいる手や顔に飛び散った。私はニーマスが腕に大きな腕時計をしていることに気付いた。時計のガラスは飛び散ってくる小さな石に傷つけられ、時計の針が見えないほどだった。お父さんが買ってくれたと言った。学校に行かせてやれないことへの父親なりの申し訳なさが感じられた。そしてその気持ちに感謝できる子供の温かい心も。しかし、そんなよく見えない時計では、また学校に戻る時間にうまく合わせることができそうもなかった。ニーマスが学校に戻る日があまり遅れすぎないように、切に祈ること以外、私にできることはなかった。

　「友達も学校を休んでは仕事をして、また学校に通ったり

しています。大丈夫ですよ。でも、たまに友達が学校が終わってここを通って家に帰る時があります。素敵な服を着て、ここを通り過ぎる時、私はここに座り石を砕いている、そういう時が一番切ないです。」

「去年、5年生の時の担任の先生が、一番記憶に残っています。私に足りないものを、たくさん教えてくださったんですよ。記憶に残っていることですか。うーん…4年生の時に習った「エラコピラ」という詩が一番記憶に残っていますね。『花が散る前に摘むことも切ることもするな』という内容です。」

自分が最後まで通っていた学校の先生や教科の内容など、なに一つ残らず彼は必死に覚えていようとしているようだった。花を摘みも切りもしていないのに、ニーマス・プジェリは、とても早くしぼんでしまったのではないだろうか。すこし離れている下の方からプジェリの兄弟とその友達の歌声が聞こえてきた。

「昔ジョノクという国王がいたんですけどね。国民にとても優しかったらしいです。私たちにもそうしてほしいです。ブッダは家を出て山上説法をしたそうです。私たちもそんな人になります。」

「アッチュチュ、アッチュッチュ」何の歌なのかよく知らなかったが、仏さまのような人になりたいと祈っている歌のようだった。子供たちは家族や友達と一緒に遊べて、とても幸せそうに見えた。だが、そこが石を砕く仕事の下請け作業

　所であったため、他よりも余裕があると知ったのは、バン
ジャデさんが戻ってきた後だった。

　作業所のすぐ横には大きな道路があり、その道沿いに採
石場から運ばれてくる大きい石を置いていき人々がそれを
砕くと、再び回収していくシステムだと彼は私に話してく
れた。子供たちと一緒に仕事ができたということも、採石
場でありながらさほど危険でないことも、そこが中間下請
け作業所だからだった。採石場の大きい石が落ちてくる心
配もなく、単に石を小さく砕くだけの場所だったのである。

　　　　　・・・

　山を一つか二つ越えたところで、下請けではなく子供たち
が直接採石作業をしていたという話をコンサーンから聞い
た。私は翌日の朝早くにバンジャデさんと一緒にタクシーに
乗って、その場所へ行ってみることにした。

　前日の夜に降った雨のせいか、空気がとても澄んでいてきれ
いだった。ところが、しばらく山道に沿って走っていたタクシ
ーが急に立ち止まった。車から降りたタクシーの運転手は何か
叫び始めたのだが、よく見ると道の向こう側から制服を着た警
察の銃口が朝の日差しを受けてピカピカ光っていた。

　もうこれ以上は行けなかった。理由はすぐ前の村の会館に
ネパールのマオイストが爆弾を仕掛けたということだった。
タクシーを降りて、脇にある狭い山道に沿って歩いて採石場
へ行くこと以外には、ほかに方法がなさそうだった。脇道に
沿って山の中腹ぐらいまで登ったころ、下の村を見下ろした。
村は平穏に見えた。検問だの何だのと、やたら最初から恐怖
心を煽って、大げさにふるまっていたので、これでは村の人
々だけ被害を受けるのではないかと思った。

　ところが、採石場に到着していろいろ話を交わしていた時だ
った。午後1時が少し過ぎたころだったのだが、村から2
キロほど遠く離れている採石場の真ん中まで聞こえる非常に
大きい爆発音がした。

ネパールのマオイズム。トリブバン王立大学で建築学を専攻していたバーブラーム・バッタライに続いて、プシュパ・カマル・ダハル（別名プラチャンダ）が指導者となったことは2001年の2次党大会を通じてだった。「21世紀の民主主義」というスローガンを掲げた「プラチャンダ路線」は、2005年にはネパール地域の80パーセントを掌握していたが、休戦と選挙を通して王政を終息させ、2008年の春、ネパールの第1党になった。

　プラチャンダは首相になり、バーブラーム・バッタライは経済関連の大臣になった。マルクス・レーニン主義とマオイズムを取り入れたが、プロレタリアによる1党独裁を拒否して、多党制による新しい21世紀型民主主義をネパールのマオイストたちは宣言したようだ。

　しかし、王政が崩れる直前にネパールを訪ねた時、カトマンズ市内では、連日の爆弾テロと罷市（都市の商人たちが一斉に店を閉めて営業を中止すること）が広がっていた。こうして見るとネパールのマオイストたちは「内戦」と「民衆蜂起」と「選挙」を適切に組み合わせた、新しい方式の革命を成功させていたわけだ。しかし、「革命」よりもっと難しいのは「建設」であると多くの革命家たちが言っていたように、ネパールの実験は、これからかもしれない。

　　　　　　　　• • •

　山道に沿ってしばらく歩いていたが、遠くから石を叩く音が聞こえてきた。大きいハンマーを石に叩きつける音、小さなハンマーで石を叩く音がまるでオーケストラのようにリズムと調和を揃えて響き渡った。音が澄んで、朝の空気をよりさわやかに軽くしてくれるようだった。

　採石場といってもとてもシンプルで、一部は山頂の方でとても大きな金棒とハンマーを使って石山の石を掘り出し、一部は掘り出した石を下の方に転がす仕事をしていた。山の麓の人たちは、そうして転がってきた大きな石をハンマーで砕いて小さくしていた。大きな石を掘り出したり転がしたりする仕事は、主に元気な青年たちの役割で、大きな石を小さくする作業は、力が弱い子供たちとおばあさんやおばさんたちの役割だった。

　要するに、前に訪ねた大通りの横の採石場は、ここの最後の工程、つまり大きな石を小さくする仕事だけを専門的に引き受けている場所だったわけだ。ところで、長い金棒とハンマーだけで石山の石を掘り出し、それをまた山の麓に転がすというのは、あまりにも原始的な方法だと思った。聞いたところによると、それも内戦中であったネパールのマオイストのせいだった。マオイストたちが盗んで行かないよう、その当時すべての採石場でダイナマイトの使用を禁止していたのだ。そのため、長い金棒を使って山の大きな石を掘って麓に転がしたため、その石がしばしば山の麓で作業をしていた子

供たちを襲ったのだった。

　一人の女の子とその子の母親、おばあさんが並んで石を砕いている姿が目に入ってきた。おばあさんの服装が本当に変わっていて、この暑い日に毛糸の帽子をかぶり鼻輪までしていた。私は思いつくままに、いくつか女の子に質問してみた。

「夜明けの5時頃に起きて、6時にはここに来ます。一日に7キュビットぐらい仕事をするのですが、大体50から60ルピーもらいます。名前はニモラマ・ライです。学校は2年生までしか通っていません。母が学校に通うお金を工面しようと言ったので、一緒に仕事をしに出てきました。今14歳です。学校ですか。学校は通ったり休んだりしています。ここで働き始めたのは、約4ヶ月ほど前です。家に帰れば家事もして、仕事がない時は農作業と赤ちゃんの面倒も見ます。もちろん、大変です。大変ですが、うーん…それなりにやっています。」

　掴んだ石をハンマーで叩く姿がとても根気強そうに見えた。加えて印象的だったのは、ホウセンカで染めた爪だった。お母さん、お父さん、おばあちゃん、みんなで来て石を砕いているらしい。兄弟は7人だが、その中で学校に通っているのは男兄弟の5人だけだそうだ。ニモラマ・ライは採石場

の仕事が終わったら、また家事をしなければならなく、それが全部終わったら夜11時を過ぎると言っていた。それでも次の日も明け方5時に起き、この強い日差しの下で再び石を砕かなければならないという話だ。傍点を打たなければならない方は、なんだか「児童」労働ではなく、「女性」労働であるような気がした。

◆ ◆ ◆

　ライの家族よりもう少し上の方で石を砕いていたプリランチ・タマンは、おじと一緒に仕事をしていた。14歳だと言ったのだが、一目見て夢多き少女という感じがした。初めて会った時から笑いをこらえきれなくて、フフッという笑い声を出した。

　プリランチは、1日に12時間仕事して100から150ルピーを稼いでいた。故郷では5年生まで学校に通っていたのだが、お金を稼ぐため故郷を離れて、おじの家に来ているようだった。恋人はいるのかと聞いたら……とても大きく一度笑ってから半分口を手でふさいだままコクリと頷いた。

故郷に置いてきた彼氏がいるようだった。時々は、カトマンズ市内まで出かけて行って、服を買ったりすることもあるようだ。花はバラが一番好きだと言った。しかし、プリランチが一番好きな歌は「バラの花」ではなく「土の器に咲いている花」という曲だった。

　「土の器に花を植えたら、花が咲きました。ガマラマザイ。綺麗な花を見ながら待ちなさいと、ガマラマザイ。私は去ると……私は旅立つが、待っていてくれと……。」

　最初は歌詞の意味がわからなくて、何度ももう一度歌ってくれと言った。すると、ある瞬間、胸の片隅がひりひりしてきた。故郷を出て、恋人のそばを離れ遠いおじの家まで出稼ぎに来た彼女にとって、「ガマラマザイ（土の器に咲いている花）」は慰めであり、憧れだったのだろう。しかし、「待っていてほしい」と言いながら故郷を離れてきた彼女の手に今握られているのは、白い花「ガマラマザイ」ではなく、石を砕く「ハンマー」だった。ハンマーを握って立っていた、笑っているような、泣いているような顔をしていたあの子の表情は、決して消えることのないネパールの一つの表象として、私に近づいてきた。石を砕くハンマーの代わりに白い花をぎゅっと握って欲しいと思った。

　故郷を離れ、おじの家に住み採石場で仕事をしていたプリランチと違って、スニル・バハドゥル・タマンという少年は、故郷を離れてひとりで自炊をしているケースだった。故

郷で５年生まで勉強していたのだが、仕事をしている時間
はプリランチと似ていた。朝６時から仕事を始め、１日に大
体 100 ルピー程度稼ぐと言った。もしかして…と聞いてみ
ると、故郷においてきた恋人はいないと言いながらにやっと
笑った。故郷では牛を飼っていたのだが、どうにもお金にな
らなかったので、ある日、やみくもに故郷を飛び出してきた
というのである。

「一日に 100 ルピー(約 100 円)稼いで生活しているの
ですが、大体ひと月に 1200-1400 ルピー(約 1200-1400
円)ぐらい使います。余った分は、故郷の家に送ります。思
っていたほどたくさん稼げません。いくら働いても一か月
に 2500-3000 ルピー(約 2500-3000 円)しか稼げません。
5000 ルピー(約 5000 円)ぐらい稼げたら、いいと思って
るんですけど。それなら、家にもっと多く送れるし、生活も
少し楽になるでしょう。」

　将来、何をしたいかと聞いてみると、軍隊へ行きたいと言
った。なぜかと聞いてみると、「軍隊がいい」と聞いたので
と答えた。「価値観」よりも「生活」が優先されている気が
した。気の毒に思いながらも、仕方がないことのような気も
して、何だか複雑な気持ちになった。

「部屋はここで働いている友達と一緒に使っています。６
人で一緒に借りているんですよ。たまに映画を見たり、遊ん
だりしています。バスターミナルがある街にも時々出かけま
す。でも本当は両親に会いたいですね。」

私も異郷暮らしで時々故郷を思い出すというのに、遠いカトマンズまで追い出されてきたこの子が自分の故郷を思い出すのは当たり前であろう。この子供たちがハンマーで小さく砕いた石がアスファルトを作る材料なら、この石にコールタールをかぶせて大きな道路が作れるのではないだろうか。そうやって作られた新しい道路を通じ、スニル・バハドゥル・タマンは両親と会えるし、プリランチ・タマンは置いてきた恋人と会えるだろう。

　そしてテンポがその道の上を走るようになれば、テンポのガイドをしている子供たちが、テンポの後ろから「発車」と声を張り上げ、楽しく口笛を吹いてくれるかもしれないという気がした。

　しかし、子供たちが砕いた小さな石が使われるその道は「故郷へ行く道」ではなく、「故郷から都会へ行く道」という方がもっと正しいのかもしれない。新しい道路が作られ、カトマンズの品物が、サムスンとLGとソニーの看板が、コカコーラとペプシコーラの立て看板が山奥の村まで侵入して行ったとき、スニル・バハドゥルとプリランチの心も一緒に弾んだことだろう。一生懸命牛を育てても、一生懸命ヤギの乳を絞っても、いくらお米を運んでも、友達のように進学できないなら、映画でも心ゆくまで見ることができるカトマンズに行こう、そんな気持ちではなかっただろうか。

　一晩中、カトマンズのニューバスターミナルまで続くアスファルトの上を走ってきた子供たち。しかし自分が走ってきたアスファルトの下に敷かれたその石を砕くために、それも一日12時間もハンマーで叩き、わずか100ルピー（約100円）

を稼ぐために、その遠く長い道を走ってきたという事実を知っている子供たちは、果たしてどれくらいいるのだろうか。

14歳以下は仕事をしてはいけないんですか。
誰がそうしたのですか。私はそんなこと知りません。
ありえません。
仕事をしなければ食べることができないのに、
どうしてそんなことをするんですか。
児童保護なんてとんでもないことだという話だった。
児童保護より労働する権利、つまり「生存権」より優
先するものは無いじゃないかというのが、彼の主張で
はない主張だった。

第 5 章

月が浮かぶ家の
働いている子供

　太陽が傾き始めるころ、カトマンズのニューバスターミナル
で、たった今到着したバスが力強く踏みしめて走ってきたアス
ファルトの音、子供たちがハンマーで石を叩く音を聞きながら
立っている時だった。バンジャデさんが言った。ニューバスタ
ーミナルには、明け方に来なければならないと。この前一緒に
シウィンに行った時に聞いた話のとおり、毎日明け方になると
徹夜でバスに乗って田舎から上京してきた子供たちであふれて
いるということだった。

　シウィン側の人も明け方になる度にそこへ来て、田舎から
上京してきた子供たちを取り締まりに来ると言っていた。子
供たちは、仕方なく来た道を引き返すか、取り締まりの目を
避けてカトマンズに潜むか、それとも運よくベッドがあるシ
ウィンに泊まるかだった。

　ところが、問題はシウィンの「ベッド」だった。ベッド

は、ヨーロッパに児童労働を禁止させようと訴え、勝ち取った結果だった。シウィンのヘルプラインを紹介してくれていた森重さんは、シウィンに勤務していた自分の友達が、まさにそのベッドを問題にして、シウィンを離れたという話を聞かせてくれた。ベルギー出身のジョージ・リクマンスというその青年を、

彼女は「ネパールのソクラテス」と呼んだ。

　カーキ色のシャツに空色のマフラーを首に巻いて、ボロボロの作業靴を履いたすらっとしたベルギーの青年。彼に何故、ネパールのソクラテスというニックネームがついたのかは明らかではない。しかし、明らかな事実は、彼がシウィンを出てソクラテスのように深刻な表情を浮かべながら道を歩いていたということと、ニューバスターミナルに続く道を歩きながら、子供たちに「お前たちに今一番必要なものはなんだ？」と尋ねていたということだった。彼にネパールのソクラテスという名前がついたというのなら、それはたぶん路上の哲学者ソクラテスのように路上で生活する子供たちの声に耳を傾けたためではないだろうか。

　彼がシウィンを出ると決心したのは、シウィンが本当に児童労働を無くすことができるのかという疑問を感じたからだったと言った。カーペット工場における児童労働は無くなったが、カーペット工場から消えた子供たちの数だけ、ストリ

ートチルドレンは増え、その子供たちが再びテンポのガイドや、採石場で石を砕く作業のような、もっと大変で辛い仕事に押し出されているという現実を、彼は傍観することができなかったのだ。

「一番必要なものは何?」という質問に、子供たちは声を揃えて「家」と答えたという。だから彼は家を建て、シウィンと違って「ベッドも、家具も、テレビもない、専任の職員もいない」システム、つまり「4無」の原則に基づき運営される家を建てることにした。ヨーロッパの支援を受けているシウィンのように、子供たちに全ての物を提供することもできるだろうが、少数の子供たちをそのような家で暮らせるようにするために、多数の子供たちを今の仕事場より、もっと劣悪な環境へと追いやらなければならないという事実に気づいたためだった。働かなくても良い少数の子供たちのためのシウィンではなく、働くしかない多数の子供たちのための家を、彼は建てることにしたのだ。

• • •

カトマンズの9月の空は、風一つなく晴れていた。酷い公害の隙間から照らされる日差しが私の鼻の下に近づいてくると、汚れた汗とホコリは化学反応を起こして、私の呼吸を困難にした。もし夜も雨が降らないなら、カトマンズの昼はどうなるのか想像すらしたくなかった。幸いにも、ほぼ毎晩

カトマンズにはスコールのようなにわか雨が降った。バンジャデさんと一緒にカランキにいるベルギーの青年リクマンスを訪ねに行ったあの日も、土砂降りの雨が降ったのだが、そのせいで私たちの服や傘が全て台無しになってしまった。

　リクマンスが運営している「月が浮かぶ家」は、日中は誰もおらず夜になってから混み合うと聞いて、わざと夕方に出発した。バンジャデさんと一緒に月が浮かぶ家に入った時、リクマンスはちょうど子供たちの足を治療してあげていた。治療と言っても、何か立派なことではなく、傷口を消毒薬で洗って赤チンキを塗った後、使い捨ての絆創膏を貼ってあげているところだった。しかし、子供たちの軽い傷をそのままにしてしまうと、後でとても大きい病気になってしまうのが普通だ。子供たちを治療してあげる姿が、まだ独身男性なのにお母さんの姿とあまり変わらないように見えた。

　「14歳です。ラージクマール・ティーンと言います。ここに来て約1か月ぐらいになりました。カランキからカトマンズ市内までテンポに一度乗れば、7ルピーほど稼げます。テンポに乗る前は、宿で皿洗いをしていました。ところが、宿の主人にたく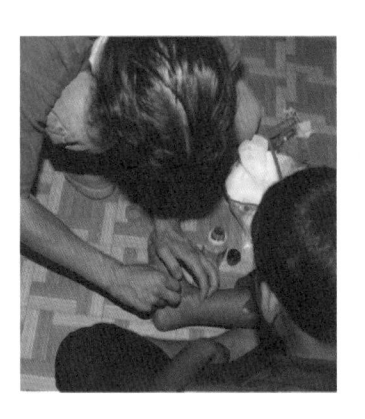
さん殴られたり、悪口も言われたりするので辞めました。故郷ですか。パルロンです。故郷には職もなくて、何よりそこでは生活していくことができません。両親には話して出てきました。学校は2年生まで通いましたよ。」

　「カトマンズに初めて来た時は、車も多くて不思議でした。とても驚きました。それに、知っている人が1人もいなくてとても苦労しました。一番苦労したのは、やっぱり寝る場所でした。以前はテンポの中で寝ていたのですが、蚊も多くて眠るのも一苦労でした。ここでは10ルピーだけ出せば、ご飯も食べて、寝ることもできるという話を耳にして、こちらに来ました。」

　ラージクマール・ティーンは月が浮かぶ家がとても気に入っていると言ってにっこり笑った。故郷を離れてホテルの食堂やテンポの仕事などあらゆる大変な仕事を色々したが、今の生活が一番満足しているというのだ。ラージクマールより2歳幼いサントス・カイも月が浮かぶ家がとても良いと言った。

　「お母さんが亡くなってから、継母に何度も叩かれました。

2か月前ぐらいに家を出てきました。ここには10日ぐらい前に来ました。とても良いですよ。色々な仕事をしてます。ひと月に700-800ルピーほど稼ぎます。大変です。うーん…病気の時が一番大変です。」

　子供たちに14歳以下の児童労働は国際機構で禁止されているという事実を知っているのかと聞いてみたら、ラージクマールは私が何かの国際機構からの人間であると思ったのだろうか、顔色も青ざめておどおどしながらも、断固として言った。

　「14歳以下は仕事をしてはいけないんですか。誰がそう決めたのですか。私はそんなこと知りません。ありえません。仕事をしなければ食べることができないのに、どうしてそんなことをするんですか。私はそんなこと信じません。」

　児童保護なんてとんでもないという話だった。児童保護より労働する権利、つまり「生存権」より優先するものは無いのではないかというのが、彼の主張ではない主張だった。おそらくリクマンスが悩んだところも、まさにこのような部分だったのではないかと思った。

　児童労働をなくすことができないなら、子供たちが「最低限の保護」を受けながら、仕事ができるように、助けてあげなければならないというのが、彼の考えだった。そこで考え出したのが「5ルピー」出せば寝れて、「10ルピー」ならご飯を食べることができる空間を作ろうというものだった。彼は子供たちに、より良い条件を提供できるとしても、4無の原則を守ることにしたという。

そういえば、彼は「児童労働に関する最低基準」、つまり「食べて、寝て、治療が受けられる」という子供たちの「生存」に必要な（「生活」ではない）最低基準を、実際に実践して見せてくれたわけだ。山奥からカトマンズに移住してきた子供たちの権利を、言葉ではなく行動で示したのだ。

・・・

　やはりご飯を食べる時が一番幸せな時間のようだった。子供たちはコンロの火をつけ、ご飯とカレーを作るなど慌ただしかったが、みんな一様ににこにこしていた。スパイスで味付けしたネパールの野菜料理「タルカリ」を準備するところだった。

　子供たちは各自当番が決められていて、ご飯をよそう当番、食器を並べる当番、後で皿洗いする当番までとても体系的に動いていた。ベルギーの青年は残ったカレーを子供たちに分けてあげた。子供たちはドロドロしているカレーを手でもらって、ご飯のうえにのせて食べていた。ある子は私に見せつけるようにカレーがぼたぼた落ちている指をチューチュー吸いながら食べていた。みんな大笑いしていたが、それが私に向けられたのか、あの子に向けられたのか分からなかったため、面喰って及び腰になってしまった。文化人類学云々していた記憶を呼び起こし、驚いた表情は出

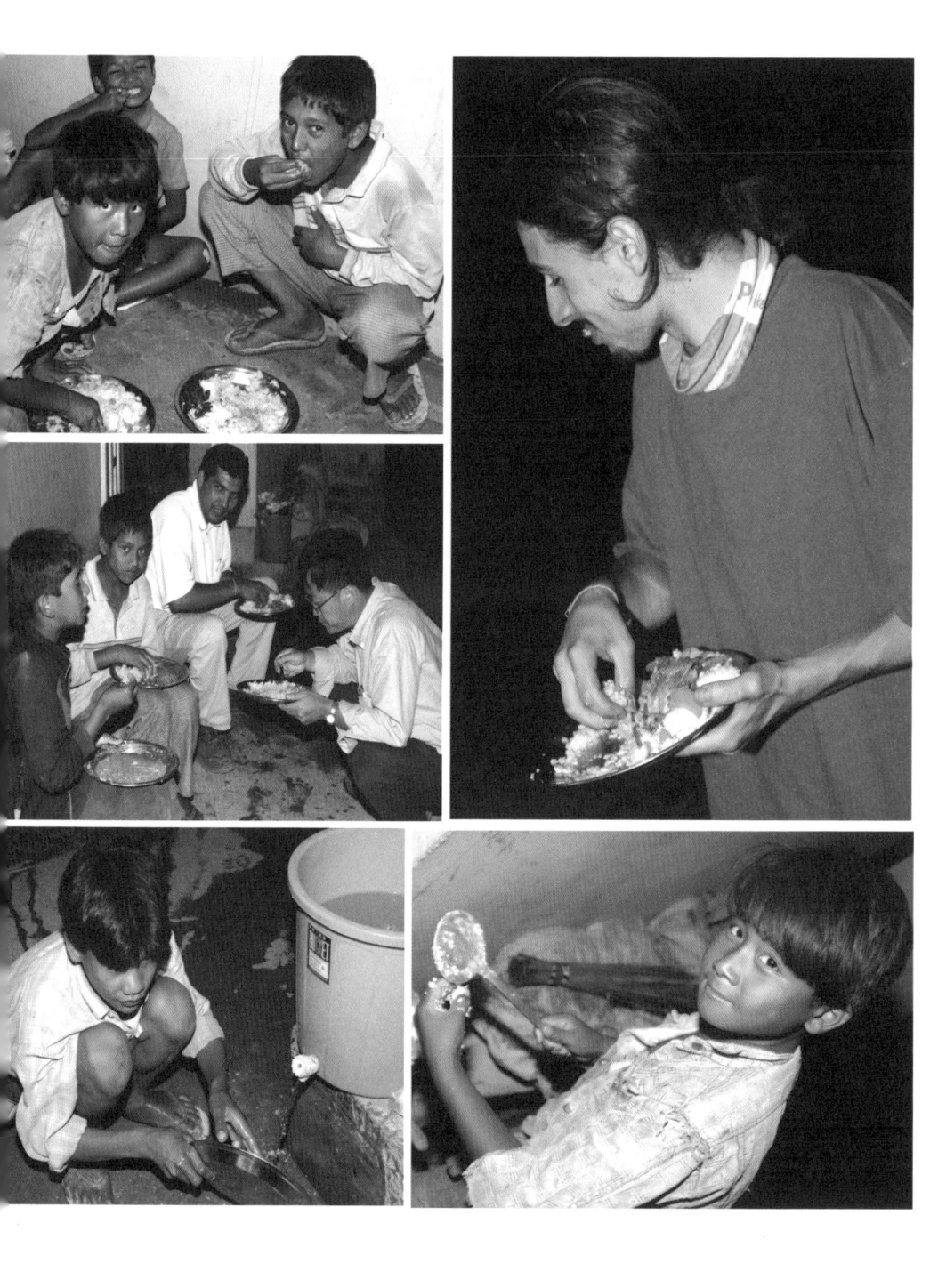

さず、あいまいな笑みで危機を乗り越えようとしたのだが、今度は私にカレーを手で食べてみろと言うのだった。

　ベルギーの青年は上手に手を使い、ご飯にカレーをつけて食べた。しかし、私は手では到底食べられそうになく、スプーンをくれと言った。ところが、ベルギーの青年も、私がカメラを向けるとすぐに恥ずかしいと言いながら、顔を後ろに向けて撮らないで、と言った。越えることが難しい文化の壁、習慣の壁のようなものが感じられた。

　食事が終わって、子供たちは井戸水をくみ、後片付けをし始めたのだが、しゃもじに付いたご飯粒を取りながら、私を見て笑っている子供の姿がとても印象的だった。もし、この子が10年後、あるいは20年後、この写真を見たなら何と言うだろうか。笑うだろうか、それとも涙を拭うだろうか。床の掃除をしている子、大きな水桶の前で茶碗を洗っている子など、月が浮かぶ家の夜はこんな風に賑やかに深まっていった。

・・・

　食事の時間が終わったら、次はもちろん寝る時間だ。テレビもなくて、みんな早寝早起きをする。リクマンスの原則通り、子供たちの部屋にはベッドの代わりに毛布が敷かれていたのだが、それでも子供たちはとても幸せそうな表情だった。

額の真ん中に小さくて赤い丸を彫った子は、どこから持って来たのかサングラスまで準備して頭にかけ、目を丸くして、みんなそれぞれ自分なりの表情でポーズをとった。子供たちはみな、そのように月が浮かぶ家の寝床に感謝しているようだった。

ここらへんで、ビシュヌラムという子を紹介しておこう。ネパールにいる間ずっと、そして日本に戻って来てからも、ずっと私の頭の中に残っていた子だ。とても可愛らしくて賢い、いや、頭がよすぎるという表現がより合っているだろうか、とにかく末っ子のサントスと同じ部屋を使っている子だった。二人は一緒に寝床に入ったのだが、先にサントスがビシュヌラムのおなかの上に足をどんと乗せ、今度はビシュヌラムがサントスのおなかを枕にして、ごろりと寝そべっていた。一緒にいるだけでも面白いのか、二人はしきりに大きい声できゃっきゃと笑い転げた。

そうしているとビシュヌラムは突然、私に明日どこに行くのか聞いてきた。明日、自分が全て案内するので自分だけについて来いということだった。本当に大丈夫だからと言いながら自分に全部任せてと言った。何度も繰り返し話していてすぐには寝そうになかったので、体を起こした。話をもう少ししてみようと思い、どこから来たのかと聞いてみた。

「ナガルコットから来ました。」

私はカトマンズ近隣の地理に疎く、どこがどこなのかよく分

からなかったが、ナガルコットがカトマンズ近隣の最も美しく神秘的な山であることは、私も知っていた。ビシュヌラムは自分がそのナガルコット出身だということだった。

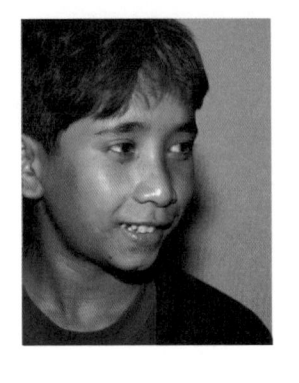

「最初は、カトマンズではなくバクタプールまで行きました。ナガルコットから、車が行ったり来たりしていたのですが、運転手についてただバクタプールへ行ったんです。父は行くなと言ったのですが、母は認めてくれました。バクタプールでとてもお腹が減り、あるホテルでモモ（鶏肉や羊肉あるいは中身が野菜だけのネパールの餃子）を食べたのですが、それが縁で食堂で仕事をすることになりました。しかし、毎日皿洗いすることは簡単ではありませんでした。辞めてまた家に帰ってきましたが、家にいても特にすることもないうえ、近所の友達もみんなお金を稼ぎに出ていておらず、またお金を稼ぎに行かなければと思いカトマンズに出てきたんですよ。」

　正直、私も児童労働というものが何か特別なことなのかと思ったりもした。ナガルコットのような農村でヤギの乳を搾ったり兄弟の世話をしたりすることも児童労働だし、カトマンズのような都市に流れてきて、都市の安い給料のつまらない仕事をすることも児童労働だ。ただ単に都市に「移住」したかしてないかという事実が異なるだけだ。
　都市への移住を決心したのは、ビシュヌラム「個人」である

が、その決心をさせたきっかけは「メディア」だった。先に「道」
が生じた。道が開かれると「商品」が入って来て、メディアに
よる「消費」が強要された。私の通訳を引き受けてくれたバン
ジャデさんが、カトマンズの所々に出現したサムソンやLGの
国である韓国のイメージに促され国を離れたように、ナガルコ
ットのビシュヌラムもやはり都市カトマンズが与える消費のイ
メージに促され故郷を離れたようだ。

　もしかすると「月が浮かぶ家」は、ネパールの山奥の村か

らカトマンズへ、カトマン
ズからまた違う海外の都市
へ旅立って行く子供たちが、
成長痛を経験する中間通過
地点なのかも知れないと思
った。グローバル新自由主
義から自由になれる場所が地球上のどこかに存在するのであ
ろうか。

．．．

「一日に 40-50 ルピー稼いで、食事に 10 ルピー使って、
外でチヤ（牛乳をたっぷり混ぜたネパールのお茶）も買って
飲んで、そして残ったお金は貯金します。お金をたくさん稼
いでお正月には故郷に帰るつもりです。また、お金をたく
さん稼いだら、テンポも買うつもりです。運転手になりたいで
す。今、この状態では難しいと思いますが、とにかくたくさ
ん稼ぐつもりです。」

　子供たちが仕事をしている理由は、良い生活をするためだ
が、そうするためにはお金を貯めなければならなかった。と
ころが、文字も知らない子供たちが普通の銀行を利用できる
わけがなく、それでは仕方ないと思ったリクマンスが月が浮
かぶ家に、いわゆる「バンキングシステム」というものを作
った。
　これは、テンポで働いている子供たちが、当日稼いだお金
をきちんと管理できないため、力の強い子や大人たちにとら
れることを防いでくれるものであった。10 ルピーであろう
と、20 ルピーであろうと、使って残ったお金を帳簿に記録
した後、リクマンスに（お金の管理を）任せるシステムだっ
た。食事代と宿の利用料を、そこから差し引いたり、必要な
らばいつでも引き出して使うこともできるという、いわゆる
私設銀行ということだ。ビシュヌラムもそれを毎日利用して
いるのだが、力の強い子からお金をとられなくてとてもいい

と言っていた。

　バンキングシステム以外に月が浮かぶ家で、もうひとつ注目すべきことは「メンバーシップカード」というものだった。子供なので、しばしばお金をもらえなかったり、不利益を被る場合が多かったので、そういう時、子供たちは首に掛けているメンバーシッ

プカードを取り出して見せながら「見くびるな」と警告した。一種の保護装置というわけだ。メンバーシップカードには、ベルギーのNPO団体サラアイ (SALAAI) と「シウィン」、そして「月が浮かぶ家の設立者」であるリクマンスの名前と、ベルギーおよびネパールの住所、電話番号などが記されていた。子供たちの首に掛かっているカードはとても小さかったが、しっかりと子供たちの権益を守ってくれるもののようだった。

　そういえば、リクマンスはグローバル市民証を子供たちに発給するグローバル政府の市長でもあった。彼はネパール政府をはじめ、誰も保護してくれない子供たちの労働を守る、ベルギーとネパールの両方に関わっているグローバル政府の市民証であるメンバーシップカードを発給していた。

　月が浮かぶ家が、ある人には欠けている月のように見えるかもしれない。しかし、そこは、漆黒の夜から子供たちを守ってくれる唯一の拠り所であった。彼は、家とは寝ることが

できる場所であるだけでなく「家族になり、友達になり、そしてコミュニティーが形成される所」だと言った。それはネパールの子供たちぐらい低い背をしたこびとのそばにいてくれたジソプが言った言葉と同じだった。

リクマンスは、ベルギーで大学を出てネパールのカトマンズ近隣の村で学校の先生をしたことがあった。彼は「先生」という言葉がどんな場合につく修飾語なのかを実感させてくれた人だった。思い出したついでに、もう少しあれこれ聞いてみた。これからもこの仕事を続けていくのかという質問に、リクマンスは当然のことを聞かれたという表情をしながら「一生」と答えた。しかし、それはそう簡単に出せる答えではない。これからも世の中は変わり、ネパールも変わり、ここの子供たちも変わる。これから20年後には、ここカトマンズの子供たちが成長し、隣国ブータンの子供たちを助けに行くと言うかもしれない。だが、重要なのは「いま」の子供たちで、「ここ」の月が浮かぶ家だ。

月が浮かぶ家を運営するためには1階と2階、台所を含み大体一か月に7500ルピーほどかかるという。水は井戸水を利用して、家の玄関の前に道は初めからなく近くの農道を利用し出入りしていた。子供たちが洗濯をし、体を洗う程度の施設を利用するためには最低限2万ルピーがかかるのだが、子供たちが出す食費5ルピーと宿泊費10ルピーでは、事実上、運営が難しいという。「自立」と「支援」の間で悩む姿を垣間見た気がした。2万ルピーなら日本のお金で2万円ぐらいの費用。リクマンスはカランキの交差点だけでなく、カトマン

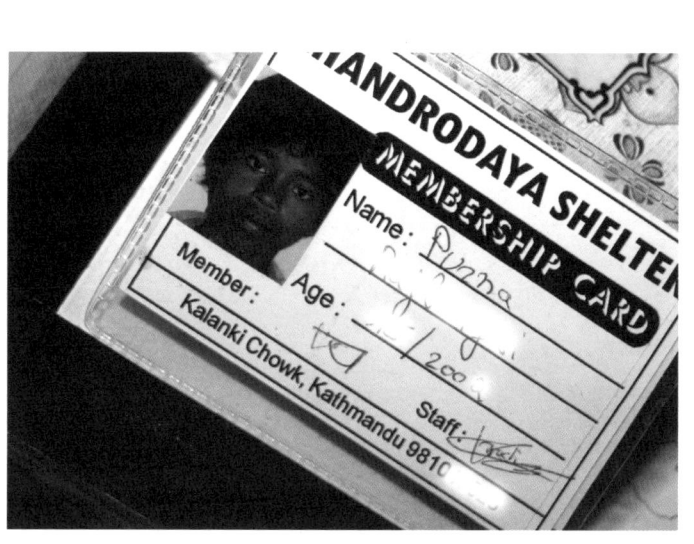

ンズに10ヵ所ぐらいは、月が浮かぶ家がなければならない
と言った。その後、月が浮かぶ家がどのように変わったのか
急に気になった。何件か増えたりしたのだろうか。

　再びビシュヌラムの話に戻ると、彼は寝る直前、私にぜひ
話したいことがあると言いながらこんな話をした。

　「ここは本当に良いところです。食べられるし、寝ること
もできます。それも私が出したお金です。全部良いんです
が、ここには「黒板」がありません。もちろん黒板ぐらい私
たちが準備することができるでしょう。ところが「先生」も
いないものですから。黒板と先生なしには私たちは社会で活
躍できる人になれません。」

　ベルギーの青年と別れる時、ビシュヌラムが言っていた学
校の話を切り出すと、彼は勉強したいという子供たちのため、

シウィンと共に「日が昇る家」を運営していると言った。しかし問題は「日が昇っている」時間に子供たちは仕事をしているので、彼らが本当に必要としているのは、「日が昇る家」ではなく「月が浮かぶ家の中に建てられた学校」ということだった。しなければならないことはとても多いが、人手がそれに追いついていないようだった。1920年代の蔡永信(韓国小説『常緑樹』の主人公)や1970年代ソウルの清渓川あるいは全南光州の夜学などが2000年代のカトマンズに必要だと思った。

　急に1980年代初め、韓国で広まっていた「夜学批判（夜批）」というパンフレットを思い出した。1970年代式の感傷主義的な夜学のようなものとは違う、より科学的な運動が必要という主張を広げた「夜批」。コピー機もありふれたものではなかったうえ、コピー屋ごとに機関員たちの監視もひどくて、コピーにコピーを重ねたパンフレットは、文字もみな崩れどこに何が書いてあるのか見分けることも難しかった。そのパンフレットを読みながら、夜学とか農活という非科学的な用語を可能な限り全て消したが、今ここでこれらの単語は再び復活して徐々に新しい光を放っていた。「夜批」ではなく、これを批判する「夜批批」が必要なのではないかと思った。

　　　　　• • •

　翌日、ビシュヌラムが、自分がカトマンズを案内すると何
度も私に念を押してきたので、朝早く月が浮かぶ家があるカ
ランキの交差点行きのテンポをつかまえて乗った。カトマン
ズの中心地タメルからバラジュまではテンポに乗り、リング
ロードを経由しカランキの交差点までは乗合バスを利用した。

　カランキの交差点は朝から混み合っていた。まるでソウル
の永登浦のようなところだった。カトマンズ市から郊外に抜
けるためには、全てここカランキを必ず経由しなければなら
なかったのだが、永登浦を経由して仁川、水原などに行ける
ことと似ていた。何日間か同じ風景を見ているうちに、朝の
日差しと自動車の排気ガスが入り乱れた交差点をぎっしり埋
めた人々は、実は何もすることがない人たちだということに
気づいた。朝には右肘をつき座っていた人が、夕方には左肘
をつき座っているようだった。

　カランキの交差点でビシュヌラムを見つけ出したのだが、
彼は茶色に染まった髪の毛を手ですっととかしているところ
だった。ビシュヌラムは、私が朝食を食べずに来たことをど
うやって知ったのか、チヤとパンを売っている交差点にある
露店へと私を案内した。そして何人か自分の同僚も呼び、一
緒に簡単な食事をとった後、私がお金を取り出す前に自分が
先にお金を払ってしまった。顔を覗いてみると、ただにやっ
と笑っているのだ。賢く多才な子だなと考えながら、私もひ
とり微笑んだ。

カランキの交差点に位置しているテンポのターミナルには、すでに彼の友達が集まっていた。ビシュヌラムより3、4歳以上幼く見える鼻垂れ小僧から似たり寄ったりな友達まで、みんな笑ってビシュヌラムを歓迎していた。ビシュヌラムを迎えるというよりは、その横に連れて現れたおかしな風貌をした私を見て笑っているようだった。ビシュヌラムも「ふざけるな。私の大事な知り合いだ。」と言いながら、威張っているように感じられた。

　彼が案内してくれた場所は、ネパールのトーテム信仰と宗教が入り混じった儀式が行われている所だった。赤い服をまとった人々は、赤い染料とロウソクの火の間で奔走していた。ビシュヌラムは私にここは面白いだろう？という表情を見せた。私は旅行をしにネパールに来たのではないという話をしたかったが、私の考えを伝える方法がなかった。通訳してくれるバンジャデさんなしに、一人で出かけて来たためだ。

　考え出した方法は持って来た日本語－ネパール語辞典を使うことだった。

　私が言おうとしている言葉のネパール語を探して指でずっと指し示していたが、ビシュヌラムは辞典を少しのぞくだけですぐつまらなそうな表情になった。すぐに気づいたが、ビシュヌラムはネパール語が読めなかったのだ。仕方なく近くの店に入って、コーラをひとつ買った後、英語で話すことをこの子にネパール語で通訳してもらえないかとお願いした。

　身振り手振りで一生懸命説明した結果、私が望んでいるのは旅行ではなく、いつものように彼がテンポに乗って仕事する姿をカメラに収めたいという私の意思がやっと伝達

されたようだ。

　ビシュヌラムは旅行ガイドが必要だと予想していたのに、失敗したと思ったのか、しばらくの間ぶすっとした表情を浮かべていた。しかし、すぐに例の明るくて高いトーンに戻ってきた。テンポに乗るために向かう道で風船売りのおじさんから風船を買い、ビシュヌラムの友達の分まで二つ渡した。そのとても嬉しそうな姿は、わざと見せていた大人っぽい表情とは違い、純真無垢な幼い子供の表情そのものだった。しかし、嬉しそうな表情も束の間で、子供たちはすぐ風船を逃してしまった。逃した風船は電線を越え、空高く遠くに飛んで行ってしまった。子供たちの笑顔も風船と共に空高く飛んで行ってしまうようだった。

· · ·

　テンポに乗りながら私がすることは、カトマンズの普通の
市民たちの服装と日常、それからビシュヌラムの「労働」を
観察することだった。出勤時間のテンポは超満員で、ビシュ
ヌラムはテンポにぶら下がるようにして乗り、私はカメラの
シャッターを押す気さえならなかった。少し余裕が出てくる
とビシュヌラムの後ろにあったインド産のバス「タタ」が目
に入った。日本や韓国の製品の代わりに、中国やインドの製
品がネパールにはとても多いので、ここが中国とインドに挟
まれた国だということを実感した。

　遅れて大人一人がビシュヌラムの後ろに乗り、次の停留所
までずっとしがみついていた。出勤時間が過ぎるとテンポは
少し暇になった。ビシュヌラムはテンポの出入り口にぼうっ

と立ち外を眺め、「私、どう？」と言いながらカメラに向かってポーズまでとってくれた。そうやってカトマンズ市を何周かしていると、カトマンズ市内がだいたい把握できた。

　外国の観光客たちが多く泊まるタメル、ユネスコ世界文化遺産に登録されている寺院、1960年代初めに私が幼い時住んでいたソウルの踏十里にそっくりな住宅街、そしてその間に看板を出している商店街などが視線に沿って横へ横へと絶えず流れた。

　ふとガランとしたテンポに座っていたビシュヌラムのズボンに目がいったのだが、お尻の部分が破れているのを見つけた。韓国の母親ならば、自分の子供をこんな格好で外には出さないだろう。しかしビシュヌラムは、堂々としており、その程度のことは全く気に留めていない様だった。

　今度はビシュヌラムが指にはめている指輪が目に入ってきた。よく見てみるとパンク系の髪型をしている芸能人の顔が入っている指輪だった。それを見て、私の息子もこのくらいの時に派手な髪型をした芸能人が好きだったなぁなどと、色々な思いが次から次へと頭の中を横切った。たぶんテンポの中に客がそんなにいなかったので、そうだったのかもしれない。

　ビシュヌラムが車から降りて、「オーライ」のしぐさをしながらテンポの後進を案内する様子を見て、車が終点に着いたと分かった。

　彼は降りる乗客たちから一斉にお金を受け取り始めたのだが、面白いことに受け取った紙幣を全部口にくわえ計算をしていた。私は、あっと思ったが彼は紙幣が汚いということをただ一度も考えたことがないようだった。そう考えてみる

と、かえって私が過剰反応を見せていたのかもしれない。

　ある若い乗客の一人が大きいお金を出した。ビシュヌラムは少し戸惑ったようで、「何の真似だ？」という表情をした。その姿はまるで「今日だけは私が特別に目をつぶってやろう」と言っているようだった。乗客は少し決まり悪そうにし、ビシュヌラムは胸を張っていた。まあ、こういう時でもなければ、バスのガイドが威張ることができないのだろう。

　もう終わったのかと思ったら、問題は、お客さんから受け取ったお金を数えて、テンポの運転手に手渡す過程で発生した。運転手がビシュヌラムと約束した金額を正確に全

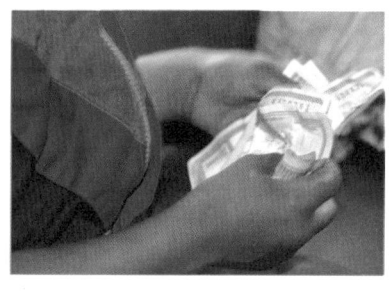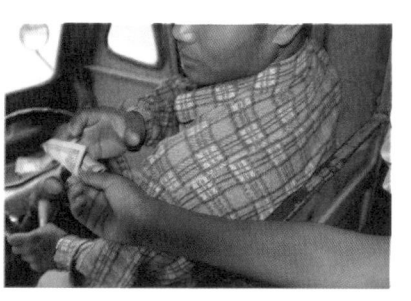

部あげていないようだった。お金をたくさんあげると約束しておいて、子供だからと少ししかあげない運転手がいると聞いていたのだが……。しかし、ビシュヌラムは普通の子ではなかった。その日は、運転手の運が悪かった。ビシュヌラムが降りたので、私も後について降りたのだが、彼が運転手の横に近寄って、後ろにいる私を指で指しながら、「後ろのカメラを見て。あなたが約束を守らないなら、あの人がカメラで全部撮って、告発するそうだ。」大体こんなメッセージのようだった。

　こんな風に一日中テンポに乗って、子供たちは約60ルピーから70ルピーを稼ぐのだと言った。それで彼らは食糧と衣服、それから寝る場所を解決するのだ。採石場で石を砕いたり、ビニールを拾う子供たちよりは少し良い方だった。考えてみると、12時間もの間、炎天下で絶え間なくハンマーで石を砕く作業をしたり、一晩中、ゴミ箱の中のビニールを探し出すことが、テンポに乗る労働と同じとは言えないだろう。

　テンポから降りたビシュヌラムは腹ごしらえでもしようと思ったのか、カランキの交差点の安い小さな雑貨屋に私を案

内した。私に聞きもせず、コカコーラとゆで卵を注文するので、一体どうしようというのかと気になった。全部食べて立ち上がろうとしたら、今度も自分と私の分まで支払いをするのだった。何か変だと思っていたが、後でそれはすべて露店で売られている腕時計のためだったということが分かった。

　店を出るとすぐに、ビシュヌラムは時計が入っている箱を首にかけてカランキの交差点を行き来している時計売りを探した。彼を呼び止めるとすぐに時計を選び始めた。

　テンポに無料で乗せてくれたことも、朝食代やコーラの料金まで自分が全部支払ったことも、全てこの時計を買っても

らうためだった。可愛くもあり、抜け目ないとも思った。一緒に立ち売り箱を見ながら、この時計あの時計を見せて欲しいと大きな声を出すビシュヌラムを時計売りは不思議そうに笑みを浮かべながら彼を見下ろしていた。それは高いからダメだと時々大声を出しながら。

　ビシュヌラムが選んだのは、何時何分なのかだけを知らせる50ルピーの中国産電子時計だった。ビシュヌラムは時計売りのおじさんに時計をはめてもらうと、周囲に集まっていた子供たちは一斉に「すごい」という目で彼を見つめた。韓国の千ウォンショップ (100円ショップ) でも今ではあまり売っていない物を選ぶために、ビシュヌラムは一日中テンポに乗りあちこち私を案内してくれたのだ。しかし100円が約100ルピーに相当し、それが一日中テンポに乗ってはじめて稼げるお金だと考えると、そのプラスチックの腕時計一つが持つ労働の意味とは実に大きいものだった。

　カランキの交差点でテンポに乗るお客を呼びながら、露店商のおじさんの首にかかった箱の中の時計をどれほど手に入れたかっただろうか。テンポを何度も乗り換えながらガイドをしなければ、その日一日のパンと寝床が解決できない状態で、時計は本当に手が出ない物ではなかっただろうか。赤、青、蛍光色の時計がどれほどビシュヌラムの目の前に現れて消えてしまっただろうか。それで、わざわざ異邦人と出会ったことをきっかけにあれを買ってくれたらいいなと思い、作戦を立て私をあちこち案内したのかもしれない。

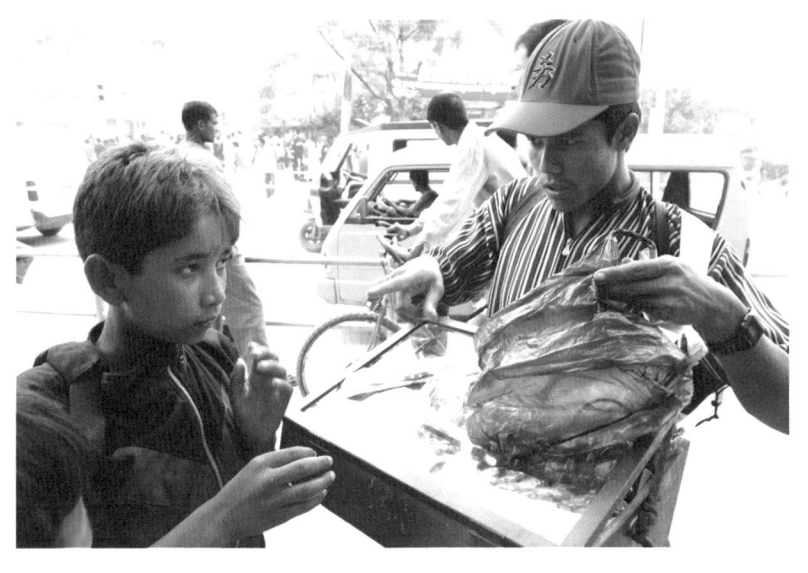

移住への欲望は責められない。
カトマンズ郊外の山奥の村からカトマンズへ、
カトマンズから海外へ移住していく「移住の循環の輪」
を断つには、ネパールの山奥の村を移住しなくてもい
いぐらい住みやすい場所にしなければならないと彼は
考えていた。
美しい世界を作るために。
人々と共に生きていくために。

第6章

夜を明ける小さい星たち

　ネパールで迎えた初めての夜は、まるで大学時代に学校の新聞社の仲間と智異山にあるハンセン病の村へ機動取材に行ったときに泊まった山清での一晩のようだった。たぶん、夕方ごろ会った智異山出身のある女学生のせいだろう。ホテルに到着してすぐに、日本に安否の電話をかけていたのだが、電話の通信状態があまり良くなく、日本からかかってくる電話を待っている時だった。ホテルのフロント職員にとても自然なネパール語を話している女学生が目に入ってきた。どうも日本人のようではないので、英語で故郷がどこかと聞いてみた。すぐに韓国語で晋州という答えが返ってきた。予想していなかった答えだった。大学時代に歌った「晋州ナンボン歌」を思い出した。そして南江を知っているかと再度聞いてみた。その学生はにっこり笑って、晋州について聞きながら南江を一緒に聞く人に初めて会ったと言った。もちろん、「晋

州ナンボン歌」という歌も一度も聞いたことがないと言った。

　彼女は晋州にある国立大学の社会福祉学科３年生で、ネパールには農活をしに来たと言っ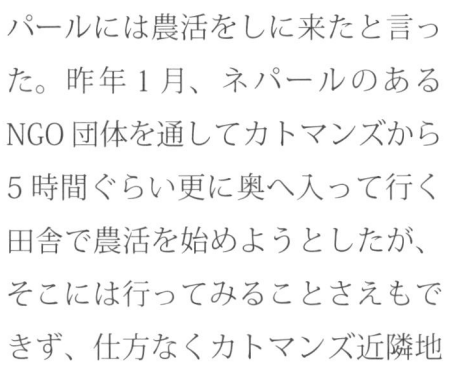た。昨年１月、ネパールのあるNGO団体を通してカトマンズから５時間ぐらい更に奥へ入って行く田舎で農活を始めようとしたが、そこには行ってみることさえもできず、仕方なくカトマンズ近隣地域で農活をすることになったそうだ。

　今では、韓国の大学生は国内ではなく海外に農活しに行くのかと思い、不思議でもあり、微笑ましくもあった。彼らが農活をし始めた村の村長は、英語も随分と上手だったようだが、外国人を通じて村を繁栄させようとする計画があったようだ。将来、韓国と何らかの事業のようなものを念頭において、農活チームを受け入れていたようなのだが、最初から彼らとは相性が悪かったようだ。小説『常緑樹』の蔡永信（チェ・ヨンシン）のように誠実な心だけで動いている世の中は、地球上のどこにも存在しないだろう。

　結局、農活チームはばらばらになり、一部は帰国し、彼女はそのままインド旅行に発ったそうだ。そうして、もう一度ここに戻って来て労働団体などでボランティア活動もしているということだったのだが、自分自身との闘いでとても疲れているように見えた。

　ここで彼女の話を持ち出したのは、「ビハニバスティ（夜を明ける家）」のためだ。経済関連の仏教団体の知人からも

紹介を受けたのだが、智異山出身のこの女学生が、そこでボランティア活動をしたといって、自分がぜひ案内したいと何日間か続けて、ビハニバスティの話をしていたのだ。カトマンズから郊外に少し離れた所なので、テンポに乗ろうかと思ったのだが、結局タクシーに乗ってしまった。

・・・

「夜を明ける家」という言葉を聞いた瞬間、私は『夜を明ける人々』というパク・ボンソンの漫画を思い出した。名前に勤勉で希望のようなイメージがついているのだが、ビハニバスティとは仏教で使う用語だった。ネパールは仏陀が生まれた場所なので、ヒンドゥー教徒も多かったが仏教徒も少な

くなかった。ビハニバスティは
韓国の圓仏教が建てた村の会館
の名前だった。

　そこでは韓国で移住労働をし
た後、故郷へ帰ってきたモナ・
グルンという人が実務を担当し
て仕事をしていた。カトマンズ
郊外の山奥の村からカトマンズ
へ、カトマンズから海外へ移住
していく「移住の循環の輪」を
断つには、ネパールの山奥の村を移住しなくてもいいぐらい
の場所にしなければならないと、彼は考えていた。

　山奥の村からカトマンズへ移住していった子供たちが、年
をとるにつれ、また海外へ移住していくサイクルの中で、モ
ナ・グルンもやはり例外ではなかった。移住しなくてもいい
ぐらいの村を作るために、1999 年に建てられたビハニバス
ティの会館の入口にそのような趣旨のことが書かれていた。
「美しい世界を作るために、人々（ピープル）と共に生きて
いくために、ビハニバスティを作る」それは移住しなくても
いいぐらい美しいネパールの山奥の村を作っていくという決
意のようなものが感じられた。

　あなたには勿体ぶらず私の全てを捧げたいという心。
　そこで、私は布施を学んだ。
　あなたに少しでも良く見せるために、綺麗に身なりを整え
ようという心。そこで、私は持戒を学んだ。

あなたがくれるもの。それがたとえ叩かれたり、叱責で
あろうとも喜んで受け入れる心。そこで、私は忍辱を学んだ。
寝ても覚めても絶えずあなたを恋しく想い、あなたの周り
を巡っている心。そこで、私は精進を（…）

　ビハニバスティの２階の入り口に掛かっている李光洙の
詩「恋人 – 六波羅蜜を書く」が目に入ってきた。原稿用紙模
様の長方形に筆文字で書かれたものだった。「あなた」とは
誰なのか。モナ・グルンの「あなた」は「人欲」を持ってい
る全ての人々、すなわち「移住への欲望」を持っている全て
の人々ではないか。移住への欲望と対面しているビハニバス
ティ、いやモナ・グルンの忍辱修行はあまり簡単ではなさそ
うだった。

　モナ・グルンは、優しい眼差しをしたとても素朴な印象の人だった。韓国で移住労働をしていたので、韓国語ももちろん流暢に駆使していた。後で知った事実だが、ネパールのグルン族は韓国の人たちと容姿がとても似ていて、韓国人の間に交じっていたら、ネパールの人たちもよく区別できないそうだ。パク・チャヌク監督の「チャンドラ・クマリ・グルン」というネパール出身のグルン族の移住労働者が主人公である映画にもそんな場面が出てくるのだが、そのせいで彼女は精神病患者だと間違われ、6年半もの間、韓国の精神病院に閉じこめられてしまう。モナ・グルンから感じられた暖かさ、あるいは憐みのようなものを感じるのも、そのせいなのかもしれない。

◆ ◆ ◆

　ビハニバスティが位置している村には、約7000人が住んでいた。カースト制度が厳格に適用されていて、約80余りの種族が住んでいると言われている。村民たちの複雑で多種多様な関係は、聞くだけでも頭がくらくらしてくる。さらに、95%の村の人が50%の小作料を出して生活しているそうだ。

　そのような環境でビハニバスティに一体どんなことができるのだろうかととても気がかりだった。しかし、彼らは屈せ

ず自分たちができることをしていった。彼らがその村でしている活動の中で一番重要なことは、「井戸」を掘ることと「公衆トイレ」の設置だった。基本的な生活文化が整っているところで生活する人々は、多くの場合、井戸や公衆トイレといった単語に含まれている何か切実さのようなものを知らないまま生きていく。私もやはり、とても聞き慣れず戸惑った。

　公衆トイレは村の隅にあった。二つ作ったが、すぐにもう一つ新しいものを建てるといった。見知らぬ村に行き、まず最初に公衆トイレを紹介されたようだ。冷遇されてきたトイレの反乱のようなものを感じた。

　ビハニバスティの屋上へ上がった。洗濯を干せばすぐにでも乾くような日差しが眩しかった。その炎天下で子供たちがサッカーをしていた。裸足だったが子供たちは全く気にしていなかった。もう一方では井戸を掘っていた。炎天下で流した汗を冷やしてくれる井戸水はいつ頃出てくるのだろうか。

　強い日差しを活用するための太陽光のパネルもあった。屋上の一方に建てられた太陽光の集積機は環境問題を意識してではない。それは村の電気が前ぶれもなく急に切れたりするので、会館の円滑な電気供給のために太陽光パネルは必ず必要だった。

　村の人々を自活へと促すためのビハニバスティシステムの中で最も目についたものは「洋裁訓練場」だった。モナ・グルンは、村の人々が数十台のミシンを踏みながら、とても一生懸命に訓練に励んでいると耳打ちをしてくれた。多品種少量生産の時代に相応しいミシン技術、あるいは衣類産業はと

　ても重要なようだった。韓国や日本のように有名メーカーの大きな売り場ではなく、小さな店で服に関連する品物を一つずつ準備していくやり方ではないだろうか。しかし、問題は販路だった。公正あるいは共生の貿易が救世主になるかならないかは確かではないが、その道以外に特別な代案があるようには見えなかった。

　すぐ横のコンピュータ室を覗いてみたが、そんなに人気がなかった。村の人々はコンピュータが生活水準を改善するのに直接的な助けにならないと判断しているようだった。

　下の階のビハニバスティの診察室では、大学の休みなどを利用してやってきた韓国医療チームの施術があったそうだ。圓光大学医学部チームが来て白内障手術をして帰ったという話を聞いた。井戸や公衆トイレを作らないといけない衛生状態の村で

医療支援活動は他の何より切実であった。しかし手術も手術だが、それよりもこの初歩的な衛生状態に合う予防医学のようなものがもっと必要なのかもしれないと思った。

　　　　　　プレムという名前の圓仏教の教務に会った。診察室の奥にあるビハニバスティ事務室にいた彼女は穏やかながらもしっかりとした人だった。プレムはネパール語で「愛」という意味を持っている。エロスよりはプラトニックにより近いと言われている。彼女はヒマラヤがよく見えるボカラという観光地で主に活動していたが、最近ここに来たそうだ。彼女がビハニバスティでしようとしていることはすでに彼女の名前の中に全て入っていた。

　しかし、「プレム」は圓仏教の教務の専有物ではない。智異山の女学生も、モナ・グルンも、プレムの響きを抱きながらビハニバスティで暮らしてきたし、これからも生きて行くのであろう。

　　　　　　　　　　　　　　❖❖❖

　宿舎に帰ってきた。部屋の戸を開けながら部屋の前にジフォント (GEFONT) から連絡がきたというメモが貼ってあるのを見つけた。ジフォントは「ネパール労働組合総連盟

（General Federation of Nepalese Trade Unions）」の略字である。私の通訳を担当してくれたバンジャデさんがジフォントで活動しているマンジュという女性の活動家にぜひ一度会ってみろと言いながら、ジフォントに連絡をとってくれたのだが、そのマンジュさんが私の

宿に連絡をしてくれた。彼女はバンジャデさんと一緒に韓国で移住労働者として働いたことがあるそうだ。

　バンジャデさんと訪問したジフォントの事務所で、一番先に目に入ってきたものは、英語で書かれた社会主義関連の書籍だった。ジフォントは、ネパールの社会主義政党と直接または間接的に関連しているようだった。お会いできて嬉しいと言いながら、マンジュさんと握手をしていたのだが、取り合った手が

なぜか物足りなく感じた。彼女もバンジャデさんのように韓国で労災を受け、ネパールに帰ってきたようだった。

　マンジュさんの案内を受けて、事務所のあちこちを見学することができた。少し気難しそうに見えるジフォントの活動家の一人を紹介してくれたのだが、彼は私にネパールの労働者について書かれている小雑誌を差し出した。彼は 2,000 余りのジフォント組合員を対象に実施した児童労働に関する調査結果を親切に説明してくれた。組合員がいる事業所のどこにも児童労働はなかったという。労働組合があるところには、児童労働も存在しないという組織活動家らしい結論だった。

　ジフォントで確認できた児童労働は二つだった。一つは「ゴミを拾うところ」の児童労働で、もう一つは「ティー（お茶）プランテーション」現場だった。そもそも、ゴミを拾うことは、ネパールのカースト制度でも最下層に属する人々がしていた仕事であったという。しかし、最近では階層よりお金が優先される時代になったので、異なる階層の人もその仕事を始めたと言いながら、特に子供たちが多いといった。最初、ゴミを拾うところの児童労働の話を聞いた時、私は「神の子たち」が仕事をしているというフィリピンのゴミ山を思い出した。もう少し話を注意深く聞いてみると、シウィン・ヘルプライン

ンから紹介されたビニールを拾うラビ・バンダリやビゼイ・モゴルとあまり大差がないようだった。

　興味深いことはティープランテーションの方だった。ティープランテーションの現場はカトマンズから東

方へ、ほぼブータンとの国境付近まで行かなければならなかった。特に 7~8 月になると、季節労働者たちがそこへ押し寄せて来てお茶の葉を摘んだり、子供たちも一緒にその仕事をするということだった。乾期に沿って移動するレンガ工場の労働者たちと似ていた。しかし、そこへ行くにはあまりにも遠かった。次の機会にと約束するしかなかった。

　ジフォントの若い活動家とは「グローバル化」と「非正規労働者」、そしてネットワークを通じた「反グローバル化連帯」の話まで交わした。しかし、下からのグローバル化を話したとしても、その大部分が「大都市」を中心にしたものなので、先に言及したティープランテーションのような「集落」の場合はどうするのかとても気になった。児童労働もやはり偶然の結果というより、小作料が 50％を超える封建的地主制や半奴隷的プランテーション労働が存在しているネパールの農村の現実と折合わさっているようだった。しかし、これが大都市カトマンズなどを中心にしているグローバル化の進行とどう折り合わさり「働く子供たち」と「働く大人たち」の移動を促進させたのか知りたくなった。これを作動させる具体的なシステムは何で、このような輪を断つための活動はまたどうあるべきか、考えれば考えるほど、ただ途方にくれるだけだった。

　一通り挨拶をして、ジフォントを出ようとしたのだが、マンジュさんがちょっとこっちへ来てみてと言いながら私を自分の机の前に案内した。机の引き出しを開けるとそこにはとても古びた雑誌が一冊入っていた。「労災を受け故郷ネパールに戻った人々」というカバーストーリーの字が目に入ってきた。故郷に戻った移住労働者たちに関する韓国の時事週刊誌だった。その特集記事の主人公たちは間違いなくジフォントのマンジュさんと、私の通訳を担ってくれたバンジャデさんだった。

　私たちは一緒にジフォントの建物の外にある露店へとチヤを飲みに出た。席に座ると、親指と小指だけでチヤカップを持っているマンジュさんの手が私の目に入ってきた。韓国の労働者詩人の朴労解は、彼の詩「手の墓（ソンムドム）」で、「繁栄の祖国を享楽する黄色い手」を批判していたが、マンジュさんとバンジャデさんが批判している享楽する黄色い手を持っているコリアは、彼らの「祖国」ではない。叶えようと思っていた「ドリーム」と共に、彼らは手を他郷に埋めたまま、故郷のネパールに戻ってきたのである。

　シウィンで出会ったハリーポッター似の子供が暗唱していた叙事詩「ムナマダン」が頭に浮かんだ。老母と夫人を家に置いてラサにお金を稼ぎに行ってから、結局病気にかかって、

トリブバン大学の中央図書館

　故郷に帰ると、故郷の家もまた壊滅してしまったというマダンの話はまさにマンジュさんの話であると同時にバンジャデさんの話でもあった。過ぎ去った過去の叙事詩なものではなく、今現在のネパールの叙情詩であった。

　バンジャデさんの弟も日本で働いていて、ネパール最高の大学と言われているトリブバン王立大学で会った若者も、韓国でも日本でもどこかに行きたがっているようだ。たくさんのネパールのエリートたちが、マダンのようにネパールを離れて、また、ほかの場所へ行こうとしていた。

　移住への欲望は責められない。抑制できることでもない。とても心苦しかったが、豊かな山間の村を作ろうとしているビハニバスティのモナ・グルンと、住みやすい村を作るために、ジフォントで働いているマンジュ、そして労災の被害を

与えた国への怨みの代わりに、その国の言葉と文化を教えているバンジャデさんは、私に多くのことを示唆してくれた。彼らは、国の外から故郷の村へ、再び海外の村へ、リスが篩の丸い枠の中を走るようにメビウスの帯の上の道だけで生きていくマダンではなかった。これ以上、マダンのようにならないようにと、もしかすると彼らの意思でメビウスの帯から抜け出したのかもしれない。

・・・

　宿に戻ってきた。見たことのない青年が一人挨拶をしてきたが、一目で韓国人であることが分かった。大学は、休学して中国やインドなどを見て回っている途中だという彼は、ボランティア活動をするところも探しているようだった。智異山出身の女学生がすぐにビハニバスティはどうかと聞いてみると、彼は少し躊躇したが、快く承諾した。

　得意なのはコンピュータの他にないので、たとえ半年だけではあるが、ビハニバスティがある村の人々のコンピュータ教育は自分が責任を持つと言い、にっこりと笑った。1980年代式の非壮感のようなものは全く見られず、これがいわゆる新世代の活動方法かと、とても不思議に思った。

　彼のビハニバスティへの入門を祝う意味でみんなで一杯やろうと、よく行くチベット料理の食堂「小さい星」を訪ねた。もうすぐ韓国に戻る智異山の女学生、今回の旅の羅針盤だっ

たバンジャデさん、そして鄭先輩も一緒だった。鄭先輩は以前、不織布を作る会社で機械の中に作業服が巻き込まれ腕に大怪我をしたことがあったのだが、今回私がネパールのこびとたちに会いに行くと言うと、自分より小さなこびとたちがいるのなら見てみたいと言い、快く同行してくれた。ネパールから韓国へと戻ってからは失業問題の解決のために作られた会社に入り、あちこちの食堂から残飯を集め豚を飼う仕事をしたりしていた。そんな鄭先輩は、喜んで彼のビハニバスティ入門を祝うための席に出席してくれた。情熱という花を咲かせられないまま退く若さがある一方、新しい挑戦をする若さもあった。傷を負った体のままこびとの村を訪ねる友がいる一方、傷を負わせた国の言葉を教える美しい友もいた。

　真ん丸い木の酒樽に入っている温かい酒トゥンバをスト
ローで飲みながら、私たちはジソプになろうとしている「小
さいが大きい」彼に向かって乾杯した。雰囲気が盛り上が
っている中、4、5人の若いヨーロッパの青年たちと相席す
ることになったのだが、彼らがベルギー青年リクマンスの
友達だということがすぐにわかった。大学の休み期間中、
一緒にボランティア活動をするためリクマンスを訪ねてネ
パールに来たのである。

　タメルで一番安くておいしい酒場を探している者同士、何
か通じるものがあったようだ。後で合流したリクマンスと一
緒に、私たちは夜遅くまでトゥンバを飲んだ。小さい星たち
が、「こびとが打ち上げた」小さい星たちが、キラキラと彼
らの頭上に降り注いでいた。

ふと、果てしない農作業にとてもうんざりして、
家出したという子供の言葉が浮かんだ。
遠くて長い田舎の道を走って来て、
明け方、目をこすりながら
車から降りる子供たちが見えるようだった。
その子供たちはテンポの後ろに乗るか、
夜中にカトマンズの路地裏の廃ビニールを
拾っているのだ。

第 7 章

ターミナル、移住を抱く

　ナガルコットに行くことにした。智異山の学生と新しくビ
ハニバスティで働くことになった学生、鄭先輩そして私の４
人で。カトマンズ市内だけ見て帰るわけにはいかないと思い、
遠くにヒマラヤが見渡せるカトマンズ近隣のナガルコットと
いう場所に行くことにしたのだ。公害で汚れたカトマンズを
離れ、本当（？）のネパールに行くような気分だった。

　ターミナルへ行く道に、ネパール自由学生連合という団体
の事務室があったのだが、その付近で新聞を売っている人が
多かった。新聞を見るために、ぞくぞくと集まってくる人々
はみんなとても真剣に見えた。２階の窓枠に腰かけて深刻そ
うに新聞を読んでいる人、自転車で通り過ぎる途中、立ち止
まったまま横目で新聞を見る人など。ネパールの首都カトマ
ンズで政治と言論なしに生きていくのは不可能ではないかと
いう気がした。

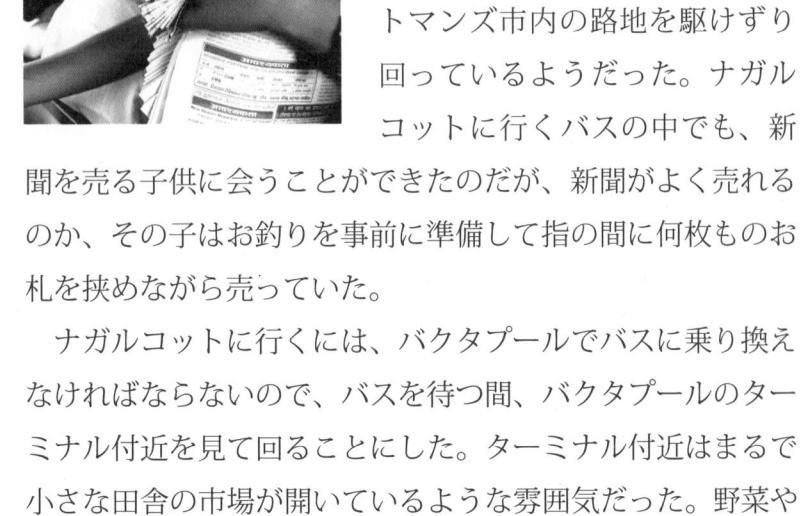

今は終わったが、当時はまだ内戦中だったので、政治に敏感なのは当然のことだろうと思った。私たちの1980年代がそうだったようにここでも「政治」と「生活」が一塊になって、それが新聞になり、その新聞がカトマンズ市内の路地を駆けずり回っているようだった。ナガルコットに行くバスの中でも、新聞を売る子供に会うことができたのだが、新聞がよく売れるのか、その子はお釣りを事前に準備して指の間に何枚ものお札を挟めながら売っていた。

　ナガルコットに行くには、バクタプールでバスに乗り換えなければならないので、バスを待つ間、バクタプールのターミナル付近を見て回ることにした。ターミナル付近はまるで小さな田舎の市場が開いているような雰囲気だった。野菜や穀物、雑貨などが広げられていて、その周囲を赤い服を着た女性たちがぐるりと囲んで、値段の交渉をしていた。

　ネパールは宗教関連の祝日と休日がとても多い。カトマンズ市内で、宗教の行事に参加しようとする女性たちが時々赤い服を着て、通りを行き来するのを見たことがあったのだが、田舎でも同様だった。赤や黄色の原色のバスと、女性たちの赤い服がとてもまぶしかった。

近くの釣り堀まで行って来たような人たちもいたのだが、私はターミナルの潰れた木のベンチに座って、随分と長い時間バスと乗客を見ていた。音楽 CD とテープを売っているところも見て回ったりした。とても退屈な中、やがてナガルコット行きのバスが出発する時間になった。バスは村の間を少し走るとすぐにくねくねとした山道に向かって上って行った。

◆ ◆ ◆

　ナガルコットはヒマラヤの大きな山に比べると少し低く感じられるが、それでもかなり高い山なので行く道が簡単ではなかった。バスもかなり苦労しているようだった。バスの中は満員だったが、人々の表情はとても明るく純粋に見えた。私たちにも明るく微笑んでくれた。緩やかに上るバスの窓の外では、恥ずかしそうにはにかむ子供たちと裸足でサッカーをしている子供たちの姿が見えた。尾根に作られた小さな平地だったが、草むらの上だからなのか足は痛くなさそうだった。

　バスは上り坂でとても苦労しているようだったが、ついに道の真ん中で止まってしまった。ベンツと合作した会社のバスだったが、高い山を上るのが大変なのはベンツでも例外ではないようだった。しばらくの間、外の景色でも見ようとバスから降りたのだが、驚いたことにバスの屋根の上まで人が

　ぎっしり乗っていた。この曲がりくねった坂道を屋根の上に
しがみついて乗ってきたのだった。それでも屋根の上の人々
は、全く疲れている気配はない。私たちの中で一番若い子が、
自分もバスの屋根に上がりたいと、はしごの方に近づいて行
ったが、だれも空けてくれず諦めてしまった。屋根の上が少
し危険に見えても、山を見るにはそれ以上に良い場所はない
だろうという気がした。

　高い部屋は借りることができず、少し広々としている２階
の屋根裏部屋の一つを見つけ、泊まることができた。荷物を
全部置いて周辺の景色を見渡すと、どこから来たのか、たち
まち雲が空を覆って、急に夕立が降ってきた。山の天気は本
当に分からないと思った。夕立が止んだと思ったら、今度は
宿にある小屋の後ろに、とても大きな虹が一つかかった。尾

根一つを完全に覆っている姿がとても素晴らしかった。

　近隣には高級そうな別荘がいろいろあったのだが、とても古そうなその別荘を眺める楽しみもなかなか良かった。遠い雲の向こう側にあるヒマラヤの山間に落ちていく夕日に感動しながら、私たちはこの地に足をつけて暮らす全ての人々の人生もまた、このように美しくなることを願っていた。

　夜になって小屋が壊れそうなぐらいの雨風が吹き付けた。周囲は、明かり一つなく真っ暗だが、屋根と壁の板が風に勝てず夜中にガタンガタンとうめき声を出していた。眠れずに下の食堂で借りた「オンマニ　オンマニ」という音楽 CD を聞いていると、やっと眠ることができた。

・・・

　日の出を見られなくて少し残念だった。雨は降らなかったが、相変わらず雲が多かった。雲は、とても頻繁に変化して

いてすぐ目の前にいる人さえも見分けられないぐらい私たち
を覆ったと思ったら、またすぐにあちら側の尾根の向こうに
どっと押しかけたりしていた。

　登山をすることもなかったので、私たちは朝早く山を下
りることにした。代わりにバスには乗らず、歩くことにした
のだが、途中、適当な村でバスをつかまえて乗ることにし
た。昨日は随分上ったようだったが、下りは早かった。宿か
ら少し下りてきたかと思うとすぐナガルコットのターミナル
の村に着いた。学生たちが学校に行く時間だったのか、村の
入り口には制服を着た子供たちが多く目についた。鉛筆一
本だけ握ったまま、鞄もなくノートの代わりに何枚かの紙
だけを持って歩いていく子供、「アディダス」というロゴが
入った鮮やかな鞄を持ってネクタイまでしっかりと締めた
中高生の先輩たち、制服の胸ポケットははがれていても、本
の包みだけはしっかり抱えて持って行く子供など。豊かには

　見えなかったが、学校へ向かう道がとても幸せで、楽しそう
だった。制服は着ていたが、肩にたくさんの荷物を背負い学
校に行く学生たちとは反対方向に歩いて行く子供もいた。そ
の子供たちの後ろには、ここが観光地ナガルコットであるこ
とを思わせる、にょっきりとそびえ立っているホテルと銀行、
レストランの立て看板が目に入ってきた。これらの観光地の
立て看板が、肩に荷物を背負ったあの子供の登校の道を遮っ
ているのではないかと思った。

　もう少し下の方に行ってみると、かなり大きい食堂の周辺
を学校に行く途中の子供たちが、ぐるりと囲んでいた。何か
と覗いてみると、食堂に置いてあるテレビを見るためだった。
テレビが発する光に一喜一憂しながら顔をあげたまま立っ
ている子供たちを見ていると、あのテレビがこの子供たちを

もうすぐカトマンズへ、
海外へと呼び出すのだ
と思った。観光地だっ
たので別の農村に比べ
て収入も良く、それで
学校に通う子供たちも
相対的に多かったのだ

　が、まさにその観光地という点が子供たちを都市へと追いや
っているようだった。

　ナガルコットのターミナルの横にあるバス停留場にはなか
なか来ないバスを待ち、疲れ果てた子供たち。お腹をぐいっ
と突き出し険悪な表情をしている子供、頰杖をついたまま焦
点が定まらない目で、遠い山を眺める子供たちが見えたのだが、
その子たちの中の何人かはすでにカトマンズまで行くバスの便
を頭の中で想像しているのかもしれないという気がした。

　ナガルコットのターミナルがある村を抜け出ると、山と山
の間にバスが通る道一本だけがぽつんと続いていたが、その
道がとてもよかった。石山を這い上がる黒ヤギ、放牧されて
いる馬と黒い牛。黒い牛の群れは車道まで出て、通り過ぎる
車の通行を時々妨げもしたが、動物たちが移動し終えてから
車は動くことができた。「ゆるやか」あるいは「持続可能な」
というような言葉が相応しい所だったが、不思議にも「退屈」
あるいは「豊かでない」という単語が先に浮かんだ。

　一人ぼっちで泣いている子供。両親は仕事に出て、子供た
ち二人で家を守っている姿。ブリキのポットに牛乳を入れて、
それを耕運機に再び積み替えている人々。ふと、果てしない
農作業にとてもうんざりして、ナガルコットからバクタプー

ルへ家出したというミニ三輪バスのガイドをしているビシュヌラムの言葉が浮かんだ。その道がまさにカトマンズの児童労働に辿り着く道だったようだ。

その道をたどってしばらく下りながら、私たちはバスの道の横の空き地にぽつんと立っている食堂の建物を一件見つけた。営業をしているようではなかったのだが、すぐにその建物の横に立っていた二人の子供が私たち一行を見て、「ナマステ（こんにちは）」と言いながら、おでこに手を合わせた後、お辞儀した。私たちも「ナマステ」と返して振り返ってみると、その子供たちの後ろに建っているレストラン全体が赤くコカコーラの広告になっているのが目に入ってきた。ネパールの田舎の村に新しく道ができると、まず先にコカコーラと人身売買犯が入って来ると言っていた森重さんの言葉を急に思い出した。グローバル世界なら商品化されていないところはないと思うが、ネパールのこの村においての商品化はコカコーラの絨毯爆撃から始まったようだ。

　　　　　　　　・・・

　最終日。

　ネパールを離れる日が来た。荷造りして、カトマンズの空港に行くタクシーに乗り、カトマンズの繁華街タメルを経て、王宮を通り過ぎる頃だっただろうか。ビシュヌラムと一緒にテンポに乗った時のように、風がタクシーの中に入って来た。

　遠くにニューバスターミナルが見えた。遠い田舎から長い道を走って来て、明け方、目をこすりながら車から降りる子供、恐怖におびえて目をきょろきょろとさせる子供たちが見えるようだった。その子供たちはビシュヌラムのようにテンポの後ろに乗るか、あるいはビゼイ・モゴルのように、夜中カトマンズの路地裏の廃ビニールを拾っているのだ。

　タクシーはニューバスターミナルを後にして、空港に向かって走り始めた。荷物をまとめる時に見つけた一枚の写真、採石場で撮ったハンマーを握った少女の写真一枚が思い浮かんだ。笑っているような、泣いているような目。暫くの間、その少女の目をのぞき見ていたのだが、その少女の顔に韓国で労災を受けて戻って来たマンジュさんの顔が重なった。ニューバスターミナルが、田舎に恋人をおいてカトマンズのおじを訪ねて来たその少女の経由地だったというのなら、空港は、その少女がマンジュさんの後を追って海外に発つ、また他の経由地であるようだった。

　その子が採石場で歌ってくれた「土の器に咲いている花（ガマラマザイ）」という歌を思い出した。「土の器に花を植え、

花が咲きました、ガマラマザイ。美しい花を見ながら待てと、ガマラマザイ。私は旅立つと……私は去るが、待っていてくれと……。」

　本当に私もそのように歌いたかった。待っていてくれと。カトマンズの美しい花ガマラマザイたちに待っていてくれと。廃ビニールの山の上で幸せな笑みを浮かべていたガマラマザイたちに、月が浮かぶ家で手でタルカリを混ぜていた白い花に、労災を受けネパールに戻って来て新しい夜明けを迎えているガマラマザイたちに、待っていてくれという言葉以外にはどのような単語も浮かばなかった。

　私は旅立つが、待っていてくれと……。

おわりに

・・・

「待っていてくれ」という言葉の中には、怠惰、憐憫、そしてある誓いのようなものが込められている。私はあれから一度も彼らを忘れたことはない。月が昇る家のビシュヌラムと再び会うため、採石場に咲いている白い花「ガマラマザイ」のようなプリランチと再び会うためには、一日も怠けることができなかった。

私が在籍している大学で東アジア共生映画祭を開催してもう11回目になる。またネパールでコーヒーを栽培する村とフェアトレードを続けてきて10年以上になり、そのフェアトレードコーヒー「ヒマラヤの薫り」を販売するフェアトレード・カフェ「フェリーチャ（エスペラント語で「共に幸せに」という意味）」が大学のキャンパス内に設けられてから、すでに8年が経った。学生たちは地域の方々とフェアトレード・マルシェを毎年開催しており、春には気候正義キャンペーンも行っている。

ネパールで大きな地震が起きた時、学生たちはフェアトレード・カフェの前に募金箱を設置した。また、コーヒーをひと袋売るたびに25円ずつ積み立てて集めた再生エネルギー基金を、少ないながらもネパール地震復興のために渡したりもした。翌年発生した熊本地震の際には、熊本在住のネパール人たちが大学に集まった避難民のための炊出し支援活動を

行った。

　この活動すべてが「月が浮かぶ家」のビシュヌラムと採石場のプリランチに少しでも近づくため、また子供たちとの約束を守るための努力であった。私が着ている服と使っているノートパソコンや自転車に東アジア労働者の汗と涙が染み付いている限り、今朝の食卓に並べられていたカツオとレタスに日本にいる移住労働者の汗と涙が染み付いている限り、越境する無数のチョン・テイルとイクバル・マシーを思うと一日たりとも怠けてはいられなかった。

　国境を越えた村同士のネットワークを築く夢を抱いて再び訪れたネパール。カトマンズを出発して西端のグルミ地方にあるコーヒーの村に着くまでの12時間、乗っていたバスの中で故郷の村を懐かしむ歌「ガマラマザイ (gamala ma jai：土器に咲いた花)」を歌っていた採石場の少女プリランチを思い出していた。このコーヒーの村がフェアトレードをする村となり経済的に豊かで安定した村になれば、プリランチもこんな風に故郷行きのバスに乗れるようになるのではないか。

　いや、もしかしたら児童労働という長い旅を終えたこびとたちはカトマンズを離れ、日本または韓国行きの移住労働への飛行機に乗っているのかもしれない。日本の九州にある農村で、韓国の京畿道にある工場の寮で、故郷の村を懐かしみながら「ガマラマザイ」を歌っているのではないだろうか。児童労働を終えた彼らに移住労働以外の選択肢がありそうになかった。

もちろん移住労働先で学んだことを活用しネパールの村を
住み心地のいいところ、帰りたい村にしていこうとする人々
もいる。2、3年ほど前に再び訪れたネパールで、日本や韓国、
イスラエル、中東などから戻ってきた帰還移住労働者たちに
会うことができた。彼らの中でイスラエルに移住労働して帰
ってきた人は施設農法を、日本に移住労働して帰ってきた人
はイチゴ農法を各自学んできて、素敵なゲストハウスが並ん
でいる村を作っていた。素朴だが、とても美しくて感動的で
あった。

　だからといって、東アジアの移住労働者が全てそうだと一
概には言えない。九州にいた多くの農業技能実習生たちは、
環境にやさしい農業や農法をまともに学べないまま、ネパー
ルやカンボジアに帰国し、故郷に戻ってきた彼らは再びどこ
へ行こうかと悩みながら、次の移住労働先を探している。熊
本の村だけでも、彼らに環境にやさしい農業をきちんと習わ
せ、帰国後、故郷の村と九州の村を結び付け一つの越境農村
共同体にしていくことはできないだろうか。

　私は悩んだ末、熊本の農業移住労働者に、環境にやさしい
農家で生産した農産品と農産加工品にローカル・フェアトレ
ード認証ラベルを付与する活動を模索し始めた。これで熊本
は環境にやさしい農産品を持続的に生産・消費することがで
き、移住労働者は環境にやさしい農業を学べ、故郷の村を豊
かな村にしていく共生・共創が実現する。東アジアの「こび
とたち」と共に国境を飛び越え進み東アジア農村共同体へと
向かう「熊本モデル」のことを考えると胸が躍る。

　これは多くの方々の協力と支援があるからこそできるもの

である。東アジア共生文化センターという非営利団体法人を共に設立し、ネパールと東アジアの友と十数年の間、一緒に協働してきたメンバー、特にフェアトレード活動の責任者として動いてきた盧恩明氏をはじめ、東アジア共生映画祭をはじめとする多くの活動を黙々と実行してくれた辛教燦氏に格別に感謝の意を表したい。また、これまでフェアトレード・カフェを運営してきた学生スタッフたちとNPO活動を共にしてきた多くのスタッフたちにもお礼を申し上げたい。今までの活動が私たちと共に生きていく東アジアのために何か少しでも役立ったことがあったなら、それはいずれもこの方々の努力の結果といえるだろう。最後に、日本語版を出版するにあたり、韓国語から日本語への翻訳に協力してくれた熊本学園大学の学生たち、ネパール語を確認してくれたサプコタ・カイラス氏、そして日本語版の出版を快諾してくださった博英社と同編集者である三浦智子氏に心から感謝の言葉を伝えたい。

2023年1月
申明直

著者略歴

＊＊＊

申 明直（シン・ミョンジク 신명직）

　韓国のソウル生まれ。文学博士（延世大学）。東京外国語大学の客員助教授を経て、現在は熊本学園大学東アジア学科教授（同大学大学院国際文化研究科長）。2009 年、NPO 東アジア共生文化センターを立ち上げ、東アジア共生社会に向けた「東アジア共生映画祭」の開催やフェアトレード活動を行っている。世界フェアトレード機構（WFTO）の認証を取得したネパールのフェアトレード・コーヒー「ヒマラヤの薫り」や熊本オリジナルのフェアトレードコーヒー「WITH」などを開発し、学生たちと共に学内フェアトレードカフェ Felicha(共に幸せに) を運営している。主な著書に『幻想と絶望』(東洋経済新報社 , 2005)、『東アジア市民社会を志向する韓国』（編著 , 風響社 , 2019)、『韓国文学ノート』(編著 , 白帝社 , 2008)、『日韓における外国人労働者の受入れ』(共著 , 九州大学出版会 , 2022)、『多文化共創社会への 33 の提言』(共著 , 都政新報社 , 2021)、『世界文学へのいざない』(共著 , 新曜社 , 2020）など。

児童労働からフェアトレードへ：ネパールの幼い労働者へ

初版発行　2023 年 3 月 1 日

著　　者　申明直

発 行 人　中嶋 啓太

発 行 所　博英社
　　　　　〒 370-0006 群馬県 高崎市 問屋町 4-5-9 SKYMAX-WEST
　　　　　TEL 027-381-8453 / FAX 027-381-8457
　　　　　E・MAIL hakueisha @ hakueishabook.com
　　　　　HOMEPAGE www.hakueishabook.com

ISBN　　　978-4-910132-46-4

定　　価　　1,980円（本体 1,800円）